LEKTÜRESCHLÜSSEL
FÜR SCHÜLERINNEN UND SCHÜLER

Johann Wolfgang Goethe
Die Leiden des jungen Werther

Von Mario Leis

Reclam

Dieser Lektüreschlüssel bezieht sich auf folgende Textausgabe: Johann Wolfgang Goethe: *Die Leiden des jungen Werther*. Stuttgart: Reclam, 2001 [u. ö.]. (Universal-Bibliothek. 67.)

RECLAMS UNIVERSAL BIBLIOTHEK Nr. 15312

Gesamtherstellung: Reclam, Ditzingen
Printed in Germany 2016
RECLAM, UNIVERSAL-BIBLIOTHEK und
RECLAMS UNIVERSAL-BIBLIOTHEK sind eingetragene Marken
der Philipp Reclam jun. GmbH & Co. KG, Stuttgart
ISBN 978-3-15-015312-3

Auch als E-Book erhältlich

www.reclam.de

Inhalt

1. Erstinformation zum Werk

Am 1. Juni 1774 kündigt Johann Wolfgang Goethe in einem Brief an den Schriftsteller Gottlieb F. E. Schönborn seinen ersten Roman an: »Allerhand neues hab ich gemacht. Eine Geschichte des Titels: *die Leiden des jungen Werthers*, darinn ich einen jungen Menschen darstelle, der mit einer tiefen reinen Empfindung [...] sich in schwärmende Träume verliert, sich durch Spekulation untergräbt, biss er zuletzt durch dazutretende unglückliche Leidenschafften, besonders eine endlose Liebe zerrüttet, sich eine Kugel vor den Kopf schiesst.«[1]

Goethe konnte zu diesem Zeitpunkt nicht ahnen, dass sein *Werther* einer der erfolgreichsten Romane der Literaturgeschichte werden sollte. 1774 erschien das Werk zur Herbstmesse in Leipzig; schon bald war die erste Auflage vergriffen, sofort folgten Nachdrucke, nicht selten Raubdrucke. Dem Publikum war das gleichgültig, es stürzte sich geradezu auf den schmalen Band.

Werther-Mode

Selten hat ein Buch unmittelbar nach seiner Veröffentlichung so viel Ablehnung und gleichzeitig euphorische Zustimmung erfahren wie der *Werther*. Man kleidete sich bald wie Werther mit einem blauen Frack, gelber Weste und braunen Stulpenstiefeln. Die Identifikation mit ihm ging so weit, dass sich mehrere Leser nach der Lektüre umbrachten. So ist überliefert, dass Christine von Lassbergs Leichnam am 16. Januar 1778 in der Ilm in Weimar gefunden wurde; in ihrer Kleidung entdeckte man ein Exemplar des *Werther*.

Der literarische Selbstmord Werthers und der wirklich vollzogene einiger Enthusiasten riefen die Kritiker auf den

Plan, und so wurde das Buch zum Beispiel 1775 in Leipzig verboten: galt es doch, so ein Zeitgenosse, als »Lockspeise des Satans«.[2]

Der Romanerfolg

Weshalb war der Roman so erfolgreich? Sicherlich fesselte die Leser die dramaturgische Konsequenz, mit der sich die Katastrophe des leidenschaftlich liebenden Werthers vollzog. Aber auch seine Kritik an der Gesellschaft spielte eine Rolle. Er, der junge bürgerliche Intellektuelle, ist nicht mehr gewillt, sich in die strenge Hierarchie des Staates einzuordnen, er rebelliert, aber der Preis, den er dafür zahlen muss, ist hoch: sein Leben.

Goethes literarische Vorbilder

Mit Goethes *Werther* gewann die literarische Gattung des Briefromans in Deutschland erheblich an Ansehen. Dies lag auch daran, dass Goethe an englische und französische Vorbilder anknüpfte, die das deutsche Publikum schätzte, und schließlich über sie hinausging. Die Romane *Pamela* und *Clarissa* von Samuel Richardson (1689–1761) und Jean-Jacques Rousseaus (1712–78) *Julie oder die Neue Heloïse* waren vorausgegangen und wirkten nachhaltig auf Goethe ein. Auch Christian Fürchtegott Gellerts (1715–69) *Leben der Schwedischen Gräfin von G*, der erfolgreichste Briefroman vor dem *Werther* in Deutschland, und Sophie von La Roches (1731–1807) gern gelesene *Geschichte des Fräuleins von Sternheim*, drei Jahre vor Goethes Buch erschienen, hatten den Boden bereitet.

Werther wird nicht moralisch verurteilt

Dennoch unterscheidet sich der *Werther* grundlegend von diesen Briefromanen. Zwar wird der Reichtum an seelischen Empfindungen, die nicht selten die Leser zu Tränenströmen rührten, auch in Goethes Text ausgelotet, doch er verzichtet, und das ist für die damalige Zeit bemerkenswert, auf die moralisierende Tendenz seiner Vorgänger: Richardsons Clarissa etwa entstammt einer wohlhabenden bürgerlichen Familie. Sie wird von dem Aristokraten Robert Lovelace heftig begehrt, doch sie bleibt tugendhaft, gibt sich ihm nicht freiwillig hin. Dieser Roman wurde vom Bürgertum gerne gelesen, wurde ihm doch dort bestätigt, dass die bürgerliche Tugend stärker war als die sittlich verderbte Aristokratie. In Goethes Roman dagegen gibt es keine moralische Instanz, die Werthers Verhalten beurteilt. Die Leser müssen sich bis heute selbst ein Urteil bilden. Daraus folgt, dass es viele individuelle Lesarten des *Textes* gibt. Der vorliegende *Lektüreschlüssel* bietet eine erste Orientierung an.

2. Inhalt

Die Romanhandlung der *Leiden des jungen Werther* erstreckt sich über den Zeitraum vom 4. Mai 1771 bis zum 23. Dezember 1772. Ein fiktiver Herausgeber hat, wie er in der Vorbemerkung mitteilt, Werthers Briefe gesammelt und veröffentlicht. Der Briefroman besteht aus zwei Büchern:

Erstes Buch

1. Werther genießt seine Freiheit in der Natur

Flucht aus der ungeliebten Stadt

Der junge, bürgerlich-empfindsame Werther zieht sich, nachdem er den Erwartungen von »Leonore« (5)[3] nicht gerecht wurde, von der Stadt auf das Land zurück – unter dem Vorwand, einen Erbschaftsstreit zu erledigen. Darum kümmert er sich jedoch nur wenig, stattdessen genießt er seine Freiheit und »Einsamkeit« (6). Er liest Homer und Ossian, zeichnet und ergeht sich in schwärmerisch-pantheistischen Beschreibungen der Natur, erfreut sich an der Idylle am Brunnen und beobachtet dort »die Mädchen aus der Stadt« (8), die Wasser holen. Besonders gerne hält er sich in »Wahlheim« (14) auf, einem kleinen romantischen Dorf in der Nähe der Stadt: »So vertraulich, so heimlich hab ich nicht leicht ein Plätzchen gefunden« (14).

Befreiende Wirkung der Natur

Die Standesgrenzen sind unüberwindbar

Er versteht sich dort gut mit dem einfachen Volk, besonders lieben ihn die Kinder. Werther betont trotzdem die Standesgrenzen –

»Ich weiß wohl, dass wir nicht gleich sind, noch sein können« (9) –, doch bedauert er, dass ein vertraulicher Umgang mit dem Volk nicht möglich ist. Damit er nicht als arrogant verschrien wird, hilft er einer jungen Dienstsmagd beim Tragen ihres Gefäßes.

2. Werther liebt Lotte

Lotte ist schon vergeben

Obwohl Werther viele Menschen kennen lernt, bleibt er einsam. Erst als er anlässlich eines Balles (16. Juni 1771) Lotte begegnet, scheint er eine gleichrangige Partnerin gefunden zu haben. Werther verliebt sich prompt in sie, obwohl er schon beim Tanz erfährt, dass Lotte mit Albert, einem braven Bürger, verlobt ist.

Das gemeinsame Klopstock-Erlebnis

Lotte, wie zuvor schon die Natur, versetzt ihn in einen besinnungslosen Gefühlszustand: »Ich war kein Mensch mehr« (27). Seine Leidenschaft erlebt einen neuen Höhepunkt, als ein Gewitter über die Ballgesellschaft hereinbricht; nachdem es sich verzogen hat, treten die beiden an das Fenster der Gaststätte. Lotte ergreift seine Hand und sagt: »Klopstock!« (30). Beide sind zutiefst gerührt, denn sie erinnern sich in diesem Augenblick auf das Empfindsamste an Friedrich Gottlieb Klopstocks (1724–1803) Ode *Die Frühlingsfeier*. Schließlich gibt er ihr »unter den wonnevollsten Tränen« (30) einen Handkuss.

Herr Schmidt

Seit dieser Nacht ist Werther unwiderruflich auf Lotte fixiert. Er wird zu ihrem ständigen Begleiter, so besuchen sie zum Beispiel den Pfarrer von St.., dort lernen sie dessen Tochter Friederike und ihren Bräutigam, Herrn Schmidt, kennen. Der ist ein schlecht gelaunter und eifersüchtiger Mensch, es kommt zwischen beiden Männern zum Streit, Werther verlässt schließlich – weinend – mit Lotte die Gesellschaft. Sie ahnt schon hier, dass Werthers übersteigerte Empfindsamkeit ihn »zugrunde« (40) richten könnte. Doch steigert ihr sorgenvoller Einwand noch seine Sehnsucht nach ihr: »O der Engel! Um deinetwillen muss ich leben!« (40). An Tagen, an denen er seinen »Engel« nicht sehen kann, schickt er seinen Diener zu ihr, weil ihn der Gedanke tröstet, dass er nach dessen Rückkehr einen Menschen um sich hat, der seine geliebte Lotte kurz zuvor noch erblickt hat.

Lotte, ein »Engel«

3. Albert taucht auf

Als Albert, der verreist war, zurückkehrt (30. Juli 1771), verstehen sich die beiden Männer zunächst relativ gut. Doch nachdem Werthers Leidenschaft zu Lotte fordernder wird, tritt die Kluft zwischen ihm und Albert offen zutage. Albert, der stets rational und bedächtig handelt, steht mit seinem Charakter in krassem Widerspruch zu Werthers gefühlsbetontem Wesen. Die Differenz zwischen beiden wird am 12. August 1771 besonders deutlich: Werther plädiert leidenschaftlich für das Recht auf Selbstmord. Albert distanziert sich kategorisch von dieser Einschätzung, der Selbstmord ist für ihn verwerflich und unmoralisch.

Selbstmord-debatte

Schließlich wird der Leidensdruck für Werther zu groß, er flüchtet und nimmt eine Stellung an.

Zweites Buch

1. Dienst beim Gesandten

Werther wird Mitglied der Abordnung eines adeligen Gesandten. Fortan arbeitet er als Gesandtschaftssekretär in einer deutschen Stadt. Werther, der Bürgerliche, fühlt sich in der hierarchisch geordneten Welt der Adeligen, die von ständigen Eifersüchteleien und Intrigen geprägt ist, nicht wohl. Obendrein kommt es ziemlich schnell zu Spannungen mit seinem Vorgesetzten, dem Gesandten: »Das ist ein Leiden, mit so einem Menschen zu tun zu haben« (74). Dessen ganze Lebensweise steht im Widerstreit zu Werthers Charakter: »Er ist der pünktlichste Narr, den es nur geben kann« (74). Auch das adelige Fräulein B., das er dort kennen lernt, ist nur für kurze Zeit eine gleichrangige Gesprächspartnerin – aus einem Grund: Sie »hat viel Seele« (79).

Werther verachtet seinen Vorgesetzten

Werthers Lage verschlimmert sich, als er von Lottes und Alberts Heirat erfährt. Am 20. Februar 1772 gratuliert er zwar beiden höflich, trotzdem ist er untröstlich: »O ich würde rasend werden, wenn sie [mich] vergessen könnte – Albert, in dem Gedanken liegt eine Hölle« (81). Damit nicht genug, am 15. März 1772 berichtet er Wilhelm, dem Adressaten seiner Briefe, dass er aus der adeligen Gesellschaft beim Grafen C. verwiesen worden sei. Die Anwesenheit eines Bürgerlichen stößt auf die Kritik der Tischteilnehmer. Der Graf C. muss daraufhin Werther aus dem Kreis entlassen. Dieser fühlt sich zutiefst gedemütigt. Er denkt an Selbstmord: »ich möchte mir eine Ader öffnen, die mir die ewige Freiheit schaffte« (85).

Verweis aus der Adelsgesellschaft

2. Heimat und Fürst

Schließlich gibt Werther seine Tätigkeit in der Residenz auf, Anfang Mai 1772 verlässt er den Hof und begibt sich auf »die Wallfahrt nach [seiner] Heimat« (87). Er besucht kurz die Stätten seiner Kindheit und kehrt ihnen nur ungern den Rücken: »mit welchem Widerwillen verließ ich nicht den lieben Platz!« (88). Anschließend reist er zu einem Fürsten, der ihn eingeladen hat. Werther möchte mit ihm in den Krieg ziehen; der Adelige lehnt dies jedoch ab. Schließlich langweilt sich Werther immer häufiger auf dem Jagdschloss des Fürsten, außerdem missfällt ihm mehr und mehr, dass dieser »ein Mann von Verstande, aber von ganz gemeinem Verstande« (90) ist. Der Gefühlsmensch Werther erträgt die geordnete Lebensweise des Fürsten nicht länger, schließlich kehrt er zu Lotte und Albert zurück.

Kindheitsstätte

Werther will in den Krieg ziehen

3. Werthers Untergang

Werthers Eifersucht steigert sich, weil er sich nicht damit abfinden kann, dass Albert Lotte geheiratet hat: »Ich begreife manchmal nicht, wie sie ein anderer lieb haben kann, lieb haben darf« (93). Seine ausweglose Leidenschaft ufert weiter aus, schließlich kommt es zwischen ihm und Albert zum Bruch. Als Werther sich immer mehr in seine Verzweiflung hineinsteigert, schaltet sich der fiktive Herausgeber ein und dokumentiert die knapp drei Wochen bis zu Werthers Selbstmord. Ein letztes Mal besucht der Liebeskranke Lotte und liest ihr aus seiner Ossian-Übersetzung vor, wieder kommt es kurzzeitig, wie bei der Klopstock-Szene auf dem Ball, zu einer Übereinstimmung ihrer Gefühle: »Sie fühlten ihr eigenes Elend [...], fühlten es zusammen und ihre Tränen vereinigten sie« (141). Darauf lässt sich Werther hinreißen, er umarmt Lotte, küsst sie und wirft sich vor ihr auf den Boden nieder. Lotte, inzwischen wieder bei Sinnen, flüchtet und schließt sich im Nebenzimmer ein. Am nächsten Tag beendet Werther seinen Abschiedsbrief an Lotte, leiht sich Alberts Pistolen und erschießt sich.

Der Kuss

3. Personen

Das »Herz« steht im Mittelpunkt

Werther. Die Zentralgestalt des Romans ist Werther. Er ist jung, sensibel, wirtschaftlich unabhängig, gebildet und – melancholisch. Sein Handeln wird stets von seinem äußerst empfindsamen »Herz« und seinen Leidenschaften diktiert, deshalb agiert er in der Regel spontan. Damit sind erhebliche Probleme vorprogrammiert: Sein Handeln ist für ihn und seine Mitmenschen nur schwer einzuschätzen. Als sich Werther in Lotte verliebt, führt sein leidenschaftliches Verhalten zur Katastrophe, so dass sich der Zeitraum von eineinhalb Jahren, in denen er Briefe schreibt, für ihn als »Krankheit zum Tode« (56) erweist. Sein Scheitern ist konsequent, vor allem wenn man seine anthropologische Bestimmung des Menschen ernst nimmt; sie ist von vornherein selbstmörderisch: »der Mensch ist Mensch, und das bisschen Verstand, das einer haben mag, kommt wenig oder nicht in Anschlag, wenn Leidenschaft wütet« (59). Weil Werthers Handeln nur geringfügig von der Vernunft bestimmt wird, vielmehr von chaotischen Leidenschaften, ist es nur eine Frage der Zeit, wann er an seinem unstillbaren Gefühlsüberschwang zu Grunde geht.

Werther definiert den Menschen

Werther möchte sich selbst verwirklichen, doch das gelingt ihm nicht, alles was er in Angriff nimmt, bleibt unvollendet, er ist ein Dilettant: Er scheitert als Maler, er ist nicht in der Lage, sich in die Arbeitswelt einzugliedern, auch gelingt es ihm nicht, stabile Gefühlsbeziehungen zu anderen Menschen aufzubauen. Das Dreiecksverhältnis zwischen Werther, Lotte

Ein Drama

und Albert erhält vor diesem Hintergrund von vornherein eine dramaturgische Struktur.

Lotte, die Hausfrau

Lotte. Lotte, die älteste Tochter eines Amtmannes, versorgt anstelle der verstorbenen Mutter liebevoll ihre acht Geschwister. Sie ist eine liebenswürdige junge Dame, die neben der Arbeit im Haushalt noch Zeit zum Tanzen, Lesen und Klavierspiel hat. Sie ist zunächst mit Albert verlobt, später heiratet sie ihn. Schon aus diesem Grund ist für Lotte die einzig denkbare Beziehung zu Werther eine platonisch-brüderliche: »O, hätte sie ihn [...] zum Bruder umwandeln können!« (131). Das gelingt ihr nicht, weil Werther zu leidenschaftlich ist, auch ihre energische und selbstbewusste Bitte »Sei'n Sie ein Mann!« (126) kann den Verliebten nicht in seinem ungezügelten Eifer bremsen.

Lotte findet Geschmack an Werther

Lotte ist nicht gleichermaßen von Werthers Leidenschaft ergriffen, auch wenn sie für Augenblicke schwankt, immerhin übt Werthers genialisches Wesen auf sie einen gewissen Reiz aus. Sie weiß sich aber zu beherrschen, auch wenn sie sich eine Schwachheit erlaubt. Nachdem Werther sie kurz vor seinem Selbstmord geküsst hat, eilt sie zwar »mit dem vollsten Blick der Liebe« (142) davon, aber ihre Ehe wird durch diesen Zwischenfall nicht gefährdet, sie besinnt sich, auch wenn es ihr zunächst schwer fällt, auf die bürgerlichen Tugenden, die eine Trennung von Albert verbieten. Schließlich bekennt sie sich ohne Einschränkungen zu ihrem Ehemann: »Das Andenken seines Edelmuts, seiner Liebe und Güte hatte ihr Gemüt mehr beruhigt, sie fühlte einen heimlichen Zug, ihm zu folgen« (148).

Albert. Albert repräsentiert im Roman den aufgeklärten strebsamen Bürger, er steht damit in radikalem Widerspruch zu Werthers Lebenskonzept. Albert richtet sein Handeln nach vernünftigen Regeln aus, deshalb hat er sich fast jederzeit im Griff, Emotionen artikuliert er, im Gegensatz zu Werther, nur sehr selten. Werther beschreibt ihn spöttisch als pflichtbewussten und langweiligen Beamten, der seine Geschäfte gewissenhaft und mit Erfolg betreibt.

Albert behandelt Werther im ersten Buch freundschaftlich, obwohl ihm die Spannungen nicht entgehen, die durch Werthers Fixierung auf Lotte entstehen. Zu seinem Geburtstag, dem 28. August (dem Geburtstag Goethes!), schenkt Albert ihm eine Homer-Ausgabe. Im Unterschied zu dessen großzügigem und liberalem Verhalten muss Werther Wilhelm gestehen, dass sein Mädchen »nie mit einem andern walzen [tanzen] sollte als mit mir, und wenn ich drüber zugrunde gehen müsste« (27). Alberts höfliches Dulden besitzt noch einen anderen Grund. Er glaubt mit aller Entschiedenheit an die Durchsetzungsfähigkeit der bürgerlichen Tugenden: Die Ehe ist und bleibt für ihn unantastbar, genauso unumstößlich ist für ihn die Verdammung des Selbstmordes. Werther irrt, wenn er schreibt, sie »wäre mit mir glücklicher geworden als mit ihm! O er ist nicht der Mensch, die Wünsche dieses Herzens alle zu füllen« (91).

Die Ehe ist heilig

Im zweiten Buch zerbricht die mühsam ausbalancierte Dreierbeziehung. Albert wünscht, »dass es möglich sein möchte, ihn zu entfernen. […] Die Leute werden aufmerksam« (120). Werther dagegen wünscht sich, weil er »nicht gerecht sein« (120) kann, Alberts Tod.

Werthers Mutter. Werther redet nur selten über seine Mutter, doch ihr Einfluss auf seinen Lebensweg sollte nicht unterschätzt werden. Sie ist, wie Albert, auf ökonomischen Erfolg fixiert, auch deshalb distanziert sich Werther von ihr. Nachdem er dem Gesandten sein Rücktrittsgesuch eingereicht hat, ist er peinlich darauf bedacht, dass seine Mutter nichts davon erfährt, denn sie könnte sich, so Werther, »an den Minister wenden, und mir mein Vorhaben erschweren« (87).

Gefangenschaft in der Stadt

Werthers Liebe zur Natur gründet in seiner Kindheit. Nach dem Tod seines Vaters siedelt seine Mutter mit ihm in die Stadt über. Sie verlassen »den lieben vertraulichen Ort«, »um sich in [die] unerträgliche Stadt einzusperren« (87). Werther, der seiner Mutter den Umzug in die Stadt verübelt, sehnt sich immer wieder zur Natur, seiner »Geliebten« (7), zurück.

Der Bauernbursche und der wahnsinnige Schreiber Heinrich. Am 30. Mai 1771, als Werther wieder einmal die Natur genießt, lernt er einen Bauernburschen kennen, dieser arbeitet bei einer Witwe. Werther erkennt schnell, dass der Bursche »ihr mit Leib und Seele zugetan« (19) ist. Das Gleiche gilt wenig später auch für Werther und seine Beziehung zu Lotte. Im zweiten Teil des Romans enden beide Liebesgeschichten mit einer Tragödie. Der Bauernbursche verliert, nachdem er gegenüber der Witwe zudringlich geworden ist, seinen Arbeitsplatz. Seine Wut und Aggression richten sich nicht wie bei Werther gegen sich selbst, vielmehr tötet er seinen Mitbewerber. Als Werther mit dem inzwischen festgenommenen Mörder spricht, entgegnet ihm

Analoges Schicksal

dieser voller Stolz: »Keiner wird sie haben, sie wird keinen haben« (118). Werther akzeptiert dieses Mordmotiv, es ist für ihn legitim, der Bauernbursche ist »schuldlos« (118). Hier wird deutlich, wie weit sich Werther von der Moral und den Gesetzen der Gesellschaft entfernt hat. Er beschließt sogar, »den Menschen zu retten« (118) und bittet Lottes Vater, den Amtmann, um Vergebung für den Mörder, aber der verweist ihn auf die Gesetze, die einen Mord selbstverständlich ahnden müssen, um die Sicherheit der Gesellschaft zu gewährleisten. Als Werther klar wird, dass dem Mann nicht zu helfen ist, identifiziert er sich mit ihm; auch Werther ist nicht mehr zu retten: »ich sehe wohl, dass wir nicht zu retten sind« (119).

Am 30. November 1772 trifft Werther den Schreiber Heinrich, der für seinen »Schatz« (109) Blumen sucht. Das irritiert Werther, gibt es doch im Winter keine Blumen zu pflücken. Auch die Biographie Heinrichs weist Parallelen zu Werthers Geschichte auf. Der junge Mann verliebt sich ebenfalls in Lotte, aber auch er wird abgewiesen. Heinrich reagiert auf diese Enttäuschung nicht mit Mord oder Selbstmord, er wird wahnsinnig. Ein Jahr lang lebt er im »Tollhause« (109). Dort ist er glücklich, weil er im Zustand des Wahnsinns »nichts von sich wusste« (110). Werther beneidet Heinrich um seinen »Trübsinn« (110), denn der ist vollkommen unreflektiert. Werther dagegen irrt ruhelos und ohne Aussicht auf Erfüllung von einem zum anderen Ort.

Wahnsinn als Rettung?

Der Adel. Fräulein B., der Fürst, der Gesandte und der Graf C. sind Werther zumeist wohlgesonnen. Doch der streng ritualisierte Alltag dieses Personenkreises lässt keinen Raum für Werthers leidenschaftliche Gefühlswelt. Die

Adelsgesellschaft steht wie die bürgerlich-aufgeklärte Welt Alberts in krassem Widerspruch zu der Einstellung Werthers.

Personenkonstellation (Strukturskizze)

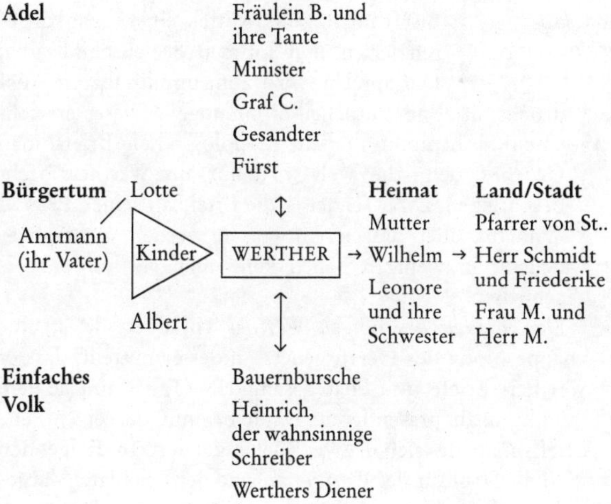

4. Werkaufbau

Ein Briefroman, der Name sagt es schon, besteht aus einer Folge von Briefen, die entweder von einer oder mehreren Personen stammen. Die literarische Form der unmittelbaren Selbstaussage qualifiziert den Briefroman zum Mittel einer sehr differenzierten und intimen Seelenschilderung: Die Sprache wird zum unmittelbaren Ausdrucksmittel der aktuellen Stimmungen. Dieses erreicht einen Höhepunkt in dem monologischen Briefroman Goethes, denn die Welt wird nur aus Werthers Sicht beschrieben. Zwar sendet er die Briefe an seinen Freund Wilhelm, aber dessen Antworten werden nicht abgedruckt; in wenigen Fällen kann man sie indirekt erschließen.

Vorteile des Briefromans

Den *Leiden des jungen Werther* vorangestellt ist eine knappe Notiz des Herausgebers, in der er mitteilt, dass er Werthers Briefe »mit Fleiß gesammelt« (3) hat, um sie dem Publikum zu präsentieren. Dann beginnt der eigentliche Briefroman, der sich in zwei Bücher gliedert. Im Folgenden wird die Struktur des *Werther* anhand der Briefdaten dargestellt:

Erster Teil: 4. Mai bis 10. September 1771

1. Flucht und Naturgenuss: 4. Mai bis 30. Mai – Zeitraum: 27 Tage – 10 Briefe

Werther flüchtet aus der Stadt, das Fluchtmotiv gehört zu den Strukturmerkmalen des Romans, es klingt sofort im ersten Satz des Werkes an: »Wie froh bin ich, dass ich weg

Das Fluchtmotiv

bin!« (5). Die zehn Briefe sind relativ gleichmäßig über 27 Tage verteilt, das deutet darauf hin, dass Werther seelisch ausgeglichen ist. Dieser formale Hinweis wird durch den Inhalt der Briefe unterstützt: Werther fühlt sich auf dem Land, in der Natur, ausgesprochen wohl.

2. Höhepunkt des ersten Buches: Werther liebt Lotte: 16. Juni bis 26. Juli – Zeitraum: 41 Tage – 17 Briefe

Liebesbekenntnis

Es vergehen 16 Tage, in denen Wilhelm keinen Brief von seinem Freund erhält. Doch dann bekommt er am 16. Juni den längsten Brief ihrer Korrespondenz. Das lange Schweigen begründet er so: »Kurz und gut, ich habe eine Bekanntschaft gemacht, die mein Herz näher angeht« (20). Er hat sich in Lotte verliebt. Werthers Schreibpause von über zwei Wochen entsteht, weil seine Leidenschaft zu Lotte ihn derart intensiv ergriffen hat, dass ihm Schreiben unmöglich geworden ist. Diese sinnliche Ergriffenheit äußert sich formal in der unregelmäßigen Abfolge der nächsten Briefe. Einmal vergehen sieben Tage zwischen zwei Briefen (21. Juni bis 29. Juni), dann schreibt er kurz hintereinander zweimal zwei Briefe (10./11. Juli und 19./20. Juli).

3. Werthers erste Krise: Albert tritt auf: 30. Juli bis 10. September – Zeitraum: 43 Tage – 12 Briefe

Am 30. Juli tritt Albert auf: »Albert ist angekommen und ich werde gehen« (48). Hier wird das Fluchtmotiv wieder aufgenommen, allerdings flüchtet Werther nicht sofort, seine Qual erstreckt sich noch über sechs Wochen bis zu seiner

Abreise. Er schreibt in diesem Zeitraum fünf Briefe weniger als in den 6 Wochen (16. Juni 1771 – 26. Juli 1771) zuvor. Das deutet auf seine Melancholie und Verzweiflung hin, er besitzt nicht den Elan, mehr als zwölf Briefe an seinen Freund zu verfassen. Das spiegelt sich auch in den Briefabständen wider, sie sind unregelmäßig. Schließlich kommt Werther am 9. September 1771 zu der Einsicht, dass er abreisen muss: »ich muss fort!« (66).

Zweiter Teil: 20. Oktober 1771 bis 23. Dezember 1772

1. Erfahrungen bei Hof: 20. Oktober bis 5. Mai – Zeitraum: 198 Tage – 13 Briefe

Knapp 6 Wochen nachdem Werther Lotte verlassen hat, schreibt er wieder einen Brief an Wilhelm. Die Schreibpausen sind in den folgenden Monaten relativ groß, die längste erstreckt sich über 5 Wochen (21. Oktober bis 25. November). Lediglich dreizehn Briefe verfasst er in über einem halben Jahr. Fern von Lotte und involviert in das höfische Treiben, das er verachtet, verliert er viel Kraft. Seine depressive und lustlose Stimmung spiegelt sich in den wenigen Briefen wider. Schließlich flüchtet Werther aus der Residenzstadt: »Morgen gehe ich von hier ab« (87). Fast auf den Tag genau vor einem Jahr (4. Mai 1771) ist er auch geflüchtet.

Depressiver Werther

2. Kindheitserinnerungen vor Ort und Aufenthalt beim Fürsten: 9. Mai bis 18. Juni – Zeitraum: 41 Tage – 5 Briefe

Werther schreibt nur fünf Briefe – zwei sind sehr kurz – in diesen 6 Wochen, im Jahr zuvor hat er im gleichen Zeitraum, als er die idyllische Natur genoss, zehn Briefe verfasst. Er schreibt wenig, weil der Besuch in seiner Heimat und der Zwischenaufenthalt beim Fürsten nur zwei kurze Intermezzi sind, er hat Wichtigeres im Kopf: Er will Lotte wieder sehen.

3. Untergang: 29. Juli bis 23. Dezember – Zeitraum: 149 Tage – 30 Briefe

Inzwischen sind seit Werthers letztem Brief fast 6 Wochen vergangen. In den knapp 5 folgenden Monaten schreibt Werther unregelmäßig Briefe, mal betragen die Abstände fast 1 Monat (15. September – 10. Oktober), mal schreibt er zwei an einem Tag (27. Oktober). Seine Verzweiflung, aber auch seine Euphorie spiegeln sich in diesen unterschiedlichen Datierungen wider. Als Werthers Niedergeschlagenheit am 6. Dezember einen vorläufigen Höhepunkt erreicht, schaltet sich der Herausgeber ein, um die »Briefe durch Erzählung« (114) ergänzend zu dokumentieren. In seinem vorletzten Brief, der im Herausgeberbericht zitiert wird, taucht das Fluchtmotiv wieder auf, zum letzten Mal: »Mir wäre besser, ich ginge« (123).

Der Herausgeber

Werkaufbau (Strukturskizze)

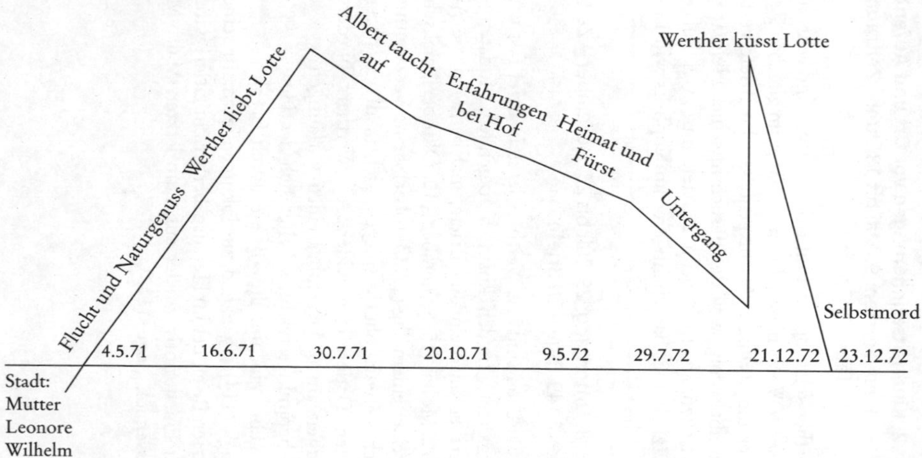

Weitere Strukturmerkmale

Es lohnt sich, einige Daten der Briefe zu vergleichen. Zwei Beispiele seien erwähnt. Am 16. Juni 1771 verfasst Werther, im Hochgefühl der Liebe, den längsten Brief. Auf den Tag genau ein Jahr später schreibt er, als er sich beim Fürsten aufhält, den kürzesten Brief des Romans. Die Verzweiflung spricht aus dem ersten der nur zwei Sätze: »Ja wohl bin ich nur ein Wandrer, ein Waller auf der Erde!« (91). Für Werther, den Wanderer, gibt es in dieser Welt keinen Ruhepol, keine Heimat mehr. Analog gestaltet sich die Beziehung der Briefe vom 21. Juni 1771 (Sommersonnenwende) und dem 21. Dezember 1772 (Wintersonnenwende).

Briefdaten

Neben dem zeitlichen Strukturprinzip des Romans ist die Konstruktion von vier Parallelgeschichten, die Werthers Schicksal indirekt dokumentieren, zu beachten: Die Geschichten vom Bauernburschen und dem wahnsinnigen Schreiber wurden in Kapitel 3 (S. 17f.) vorgestellt.

Parallelgeschichten

Im ersten Buch sehnt sich Werther nach natürlich-idyllischen Lebensformen, diese erweisen sich jedoch als unrealistisch, sie halten der normalen Alltagswelt, wie sich im zweiten Buch herausstellt, nicht stand: Am 1. Juli 1771 ist Werther über die Nussbäume im Pfarrgarten entzückt, am 15. September 1772 ist er außer sich, weil die Bäume abgehauen wurden: »Ich möchte toll werden, ich könnte den Hund ermorden, der den ersten Hieb dran tat« (98). Werthers Hoffnungen auf ein idyllisches Leben werden durch diese Episode anschaulich zunichte gemacht.

Zu Beginn des Romans (26. Mai 1771) zeichnet Werther

in »Wahlheim« zwei Kinder. Er beneidet die Mutter, weil sie in Werthers verklärter Sicht mit ihrer Familie eine idyllische Existenz führt. Doch diese wird im zweiten Teil des Romans (4. August 1772) ad absurdum geführt. Der Vater erkrankt und ein Kind stirbt. Werthers Hoffnungen erweisen sich ohne Zweifel als unrealistisch: »Es geht mir nicht allein so. Alle Menschen werden in ihren Hoffnungen getäuscht, in ihren Erwartungen betrogen« (92).

Trügerische Idylle

5. Wort- und Sacherläuterungen

5,3 **Bester Freund:** Werthers Freund Wilhelm.

5,16 **ergetzt:** ergötzt.

6,31 **wissenschaftlicher Gärtner:** In Frankreich waren geometrisch angelegte Gärten modern, dagegen schwärmt Werther von einem natürlich gewachsenen Garten.

7,1 f. **Kabinettchen:** kleines Zimmer.

8,12 **Melusine:** Wasserfee.

8,24 **patriarchalische Idee:** Der Patriarch (Stammvater im Alten Testament) regiert als Familien- oder Stammesvater über die Anvertrauten.

9,7 **Homer:** griechischer Dichter (lebte im 8. Jh. v. Chr.).

10,11 **Kringen:** Kopfpolster zum Tragen.

11,17 **Witze:** »Witz« in der ursprünglichen Bedeutung ›Verstand‹.

11,31–12,1 **Batteux [...] Heynen:** Kunsttheoretiker, welche die Kunst in ein System fassen wollten.

12,4 **Amtmann:** Verwaltungsbeamter.

12,30 f. **lichten Aussichten:** glänzenden Aussichten.

13,10 f. **durch Biskuit und Kuchen und Birkenreiser:** mit Zuckerbrot und Peitsche.

14,19 **Scheuern:** Scheunen.

15,20 **modeln:** formen, bilden.

15,25 **die geilen Reben:** »geil« bedeutet ursprünglich ›lustig, fröhlich‹, hier bezeichnet es die üppigen Reben.

15,31 **Philister:** Spießbürger, pedantischer Mensch.

16,8 **Kollegium:** Behörde.

16,31 **Weck:** Brötchen, Semmel.

17,9 **Scharre:** Rest, der sich beim Kochen im Topf festgesetzt hat.

18,9 f. **inkommodieren:** belästigen.
18,18 **gebosselt:** künstlich gemacht.
19,24 f. **ungleich denken:** Schlechtes denken.
21,28 **Base:** hier alte Bedeutung: Tante (Schwester des Vaters).
22,10 **dumpfichten:** düsteren.
22,16 **verziehen:** verweilen.
23,5 **Vesperbrot:** Abendbrot.
23,33 **Vorbitten:** Fürbitten.
25,21 **Contretanz:** Tanz, bei dem jeweils vier Paare bestimmte Figuren miteinander ausführen.
26,5 **N. N.:** (lat.) nomen nescio: Den Namen weiß ich nicht.
26,7 **Schlage:** Schlag: Tür der Kutsche.
26,9 **Menuetts:** Menuett: aus Frankreich stammender, mäßig schneller Tanz im ¾-Takt.
26,13 **einen Englischen:** einen englischen Contretanz.
26,26 **Chapeau:** (frz.) hier: Tanzpartner.
28,21 **Wetterkühlen:** Wetterleuchten.
29,8 **Schlucker:** Genießer.
30,17 **Klopstock:** Friedrich Gottlieb Klopstock (1724–1803) war wegen seiner empfindsamen Lyrik bei seinen Zeitgenossen, vor allem den jungen, sehr beliebt.
30,17 f. **der herrlichen Ode:** Gemeint ist Klopstocks *Frühlingsfeier* (1759). Die Ode beschreibt u. a. ein Gewitter und die Empfindungen des lyrischen Ichs.
33,5 **Penelope:** Gattin des Odysseus, während seiner Irrfahrt wird Penelope von zahlreichen Freiern umworben.
33,8 **Affektation:** Künstelei.
33,24 **Drahtpuppe:** Marionette.
34,23 **radotieren:** schwatzen, faseln.
35,10 **Quakelchen:** Nesthäkchen.
37,32 **Resignationen:** Entbehrungen.

42,9 **allein auf sie resigniert:** ganz auf sie konzentriert.
42,25 **Ossian:** Sänger und Dichter von Heldensagen. Tatsächlich stammen die Werke Ossians, einem gälischen Barden (3. Jh.), von James Macpherson (1736–96).
42,30 **rangiger Filz:** habgieriger Mensch.
43,19 **Losung:** Einnahmen.
45,9 **Grillen:** Launen.
46,1 **Bononischen Steine:** Bologneser Schwerspat.
46,6 **Surtout:** (frz.) Jacke, Überrock.
46,21 **Subordination:** Unterordnung.
47,16 **prostituiert:** hier: blamiert.
49,21 **Prätension:** Anspruch.
49,24 **Fratze:** unartiges Kind.
49,31 **Strohmänner:** Dummköpfe.
53,7 **Terzerolen:** kleine Pistolen.
53,13 **dahlt:** albert, scherzt.
53,16 **Maus:** Daumenmuskel am Handballen.
53,26 **limitieren:** einschränken.
53,28 f. **kam er sehr tief in Text:** verlor er sich in dieses Thema.
56,13 **Radotage:** sinnloses Gerede.
60,2 **Inzidentpunkt:** Nebensache.
63,24 f. **aufgefahren:** eingefallen.
64,14 **Büchelchen in Duodez:** kleines Buchformat.
67,10 f. **sympathetischer:** »sympathetisch« bezeichnet die geheimnisvolle Wechselwirkung zwischen wesensverwandten Menschen.
67,21 **Boskett:** Gruppe von beschnittenen Büschen und Bäumen.
68,9 **frappanter:** überraschender.
72,5 **unhold:** ungnädig.
72,9 **leichteres Blut:** Unbeschwertheit.

73,10 **Lavieren:** mit Geschick Schwierigkeiten überwinden.
74,12 **Inversionen:** Umkehrung der üblichen Wortstellung eines Satzes.
74,14 **Perioden:** meist mehrfach zusammengesetzte, kunstvoll gebaute längere Sätze.
74,29 **ich halte […] Widerpart:** ich widerspreche.
75,13 **spanische Dörfer:** Dinge, von denen man nichts versteht.
75,14 **Deraisonnement:** Geschwätz.
76,8 **fatalen:** verhängnisvollen.
76,22 **Physiognomie:** hier: Gesichtsausdruck.
76,30 **verpalisadiert:** verschanzt.
78,14 **Raritätenkasten:** Guckkasten, in dem man Raritäten (seltene Dinge) betrachten kann.
80,3 **Unbegriff:** Unverstand.
81,29 **plan:** einfach.
82,1 **distinguiert mich:** zeichnet mich aus.
82,6 **Subalternen:** Untergeordneten.
82,9 **Obristen:** Oberst (ältere Bezeichnung).
82,14 **en passant:** im Vorbeigehen.
82,24 **angestochen:** verletzt, gereizt.
82,30 **in qualitate:** seinem Ansehen nach.
82,31 **übel fournierten:** schlecht ausgestatteten.
83,19 **Kabriolett:** zweiräderiger Einspänner.
83,22 **Ulyss:** Odysseus.
84,30 **ehegestern:** vorgestern.
85,17 **geträtscht:** geklatscht, geschwätzt.
87,21 **Pilgrims:** Pilger (Wallfahrer).
89,21 **Schelmen:** Schurken, Spaßvögel.
Ansehen: Aussehen.
90,14 f. **nicht in meiner Lage:** nicht am richtigen Platz.

90,27 f. **gestempelten Kunstworte:** neu geprägte Fachbegriffe.
91,2 **Waller:** Wallfahrer.
94,32 **Protestationen:** Beteuerungen.
96,19 f. **Billet:** kurzer Brief.
98,26 **vertrauern:** vor Trauer zugrunde gehen.
99,6 f. **sich [...] meliert:** sich einmischt.
Kanons: offiziell anerkannte Bücher der Bibel.
99,9 **Lavaters:** Johann Kaspar Lavater (1741–1801), philosophischer Schriftsteller, Physiognom und Theologe.
99,18 f. **Kennikot, Semler und Michaelis:** kritische Theologen.
99,23 **Schulze:** Gemeindevorsteher.
100,19 **Barden:** Dichter und Sänger.
101,3 f. **Fingals:** Vater Ossians.
102,5 f. **Skripturen:** Schriftstücke.
104,9 **verlechter Eimer:** durch Trockenheit rissig gewordener Eimer.
104,23 **Bouteille:** (frz.) Flasche.
106,27 f. **Ich witzle mich [...] herum:** Ich quäle mich [...] vernünftelnd herum.
112,22 **widerstehen:** zuwider sein.
121,3 f. **wirksamen Leben:** berufstätigen Leben.
123,2 **stoppelt: hier:** mühsam sammelt.
125,26 **Spielwerke:** Spielzeuge.
129,7 f. **ausgetragen:** ausgelitten.
133,30 **buhlten um:** warben um.
134,19 **schnobend:** schnuppernd.
143,32 **ängstliche Lade:** Angst erregende Kiste.
146,2 **unmutige Vergleichung:** missmutiger Vergleich.
146,28 **Stockung:** Verschweigen.
151,8 **aufgehabenen:** aufgehobenen.

152,25 **Blick vom Pulver:** Blitz vom Pulver.

153,12 f. **konvulsivisch:** krampfhaft zuckend.

153,24 **»Emilia Galotti«:** Drama (1772) von Gotthold Ephraim Lessing (1729–81), die Protagonistin lässt sich, um ihre Ehre zu retten, von ihrem Vater umbringen.

154,3 **tuschten:** dämpften.

6. Interpretation

Egozentrischer Werther

Der Briefroman schildert bis zur letzten Konsequenz, der Titel sagt es schon, die *Leiden des jungen Werther*. Werthers Leid ist vielgestaltig: Er leidet an der Gesellschaft, an der unerfüllbaren Liebe zu Lotte, aber auch an sich selbst und seiner Melancholie. Werther ist, und das ist zentral für das Verständnis des Romans, zu intensiv auf sich selbst fixiert.

»Wie froh bin ich, daß ich weg bin!« (5), so lautet der erste Satz des Romans. Er verdeutlicht durch die doppelte Hervorhebung des »ich« Werthers egozentrische Einstellung. Auch der Name Werther, der sich von Wert[4] (Flussinsel) ableiten lässt, zeigt, dass er eine isolierte, inselähnliche Existenz führt. Außerdem besteht Werther ausdrücklich auf der Verwirklichung seiner eigenen Identität, und zwar aus sich selbst heraus: »Ich kehre in mich selbst zurück, und finde eine Welt!« (12). Damit erhält seine Umwelt lediglich einen sekundären Stellenwert, zentral ist für ihn seine eigene, höchst private Weltsicht. Damit steht Werther schon zu Beginn des Romans auf verlorenem Boden, er ist durch seinen Selbstbezug nicht in der Lage, ein vernünftiges Verhältnis zu seiner Um- und Mitwelt herzustellen.

Werther = Flussinsel

Weil Werther seine Subjektivität radikal in den Vordergrund stellt, distanziert er sich zwangsläufig von der regelkonformen Gesellschaft. Dies hat schwerwiegende Folgen für ihn: Er ist von der Gesellschaft isoliert und kann deshalb keine Erfahrungen machen, die sein egozentrisches Verhalten gesellschaftsverträglich regulierten. Logischerweise verliert er die Orientierung in der menschlichen Gemeinschaft, schließlich misslingt auch die Ortung des eigenen Ich: »Wenn wir uns selbst fehlen, fehlt uns doch alles« (63). Um diese Orientierungslosigkeit zu ertragen, kann sich Werther kurzzeitig stabilisieren, indem er sich in die Welt der Kinder und in die Welt Homers hineinphantasiert, aber dieses regressive Verfahren vermag auf Dauer keinen Schutz zu gewähren.

Werther und die Form des Briefromans

Werthers Egozentrik kommt die Form des Briefromans entgegen. Zwar knüpft Goethe an die Tradition des europäischen Briefromans an, doch während dort verschiedene Personen miteinander kommunizieren, steht hier nur Werther im Mittelpunkt. Bis auf zwei Briefe richtet er alle Briefe an seinen Freund Wilhelm, dessen Antworten werden jedoch nicht wiedergegeben. Werther will sich nur mit sich befassen, Wilhelm dient ihm lediglich als zuverlässiger Zuhörer. Es handelt sich deshalb hier, und das ist das Neue an Goethes Briefroman, um einen monologischen Text. Werther berichtet nur aus seiner Perspektive, die ändert sich in vielem ständig und sorgt so für einige Widersprüche. Seine spontanen, nur von seinen Empfindungen gelenkten Äußerungen spiegeln sich auch formal in der Diskontinuität des Briefromans wider: Werther schreibt manchmal wochenlang überhaupt keinen Brief, dann gleich zwei an einem Tag (vgl. Kapitel 4).

Vor diesem Hintergrund scheint es konsequent, dass Werther in jedem Lebensbereich versagt. Er scheitert in der bürgerlichen und adeligen Gesellschaft, in der Kunst und in der Liebe, letztendlich scheitert er am Leben. Bezeichnend ist übrigens, dass er schon in einem der ersten

Briefe (22. Mai 1771), die er an Wilhelm richtet, und bevor er Lotte kennen lernt, sich mit Selbstmordgedanken beschäftigt; er berichtet, »dass er diesen Kerker verlassen kann, wann er will« (14). Sein Freitod, und das sollte immer mit bedacht werden, ist nicht nur durch die tragische Liebesgeschichte motiviert; Goethe weist in seiner Autobiografie *Dichtung und Wahrheit* darauf hin, dass Werther »schon von vornherein als vom tödlichen Wurm gestochen«[5] erscheine. Sein Scheitern ist bereits zu Beginn des Romans in Aussicht gestellt, der Text wird zum authentischen Protokoll seines Unglücks.

Er denkt schon früh an Selbstmord

Die Natur als Rettung?

Werther gibt sich Mühe, das ist nicht zu leugnen, sein Leben zu meistern. Der radikale Subjektivist versucht, sein geniales Gefühlsleben auf unterschiedliche Weise auszudrücken, zunächst kommt für ihn die Natur in das Blickfeld.

Werther äußert in seinem ersten Brief (4. Mai 1771), er sei froh, endlich die Stadt verlassen zu haben: »Die Stadt selbst ist unangenehm, dagegen rings umher eine unaussprechliche Schönheit der Natur« (6). Die Stadt ist ihm Sinnbild der verhassten Gesellschaft, denn dort müssen Gesetze und Konventionen eingehalten werden. Die Natur dagegen verspricht das Gegenteil, denn sie diktiert keine Regeln, keine Gesetze. Das bestärkt ihn, sich »künftig allein an die Natur zu halten. Sie allein ist unendlich reich und sie allein bildet den großen Künstler« (15). Natur scheint für ihn, wie er glaubt, das perfekte Mittel zu sein, um sich selbst zu finden. Doch die Re-

Regellose Natur

gellosigkeit der Natur besitzt ein unkalkulierbares Moment: Wo es keine Gesetze und Konventionen gibt, dort herrscht Willkür. Die macht sich Werther zu Nutze, allerdings ohne sich darüber ihm Klaren zu sein. Er benutzt die Natur als Projektionsfläche für seine Stimmungsschwankungen. Er beseelt sie aus seinem Ich heraus, sie wird zum Spiegel seiner jeweils aktuellen Gefühlslage: Wenn Werther hoch gestimmt ist, dann beschreibt er die Natur in den herrlichsten Farben und Nuancen. Exemplarisch für diese höchst subjektive Naturbeschreibung ist der Brief vom 10. Mai 1771. Werthers »ganze Seele« ist von einer »wunderbare[n] Heiterkeit« (7) eingenommen. Entsprechend emphatisch beschreibt er in dem Brief die Natur auf pantheistische Weise: Er fühlt in ihr »die Gegenwart des Allmächtigen, der uns nach seinem Bilde schuf, das Wehen des Alliebenden« (7). Werther möchte eins mit der Natur werden, er legt sich deshalb in das Gras, um jede Regung der Natur sinnlich zu erfahren, und er hofft, dass »die Welt« und »der Himmel ganz in [seiner] Seele« (7) ruhen könnten.

Gott = Natur

Aber schon in diesem Brief wird deutlich, dass Werther nicht in der Lage ist, den Überreichtum dieser Eindrücke sinnstiftend zu kanalisieren. Er ist unfähig, die Natur zu zeichnen, auch kann er seine Eindrücke, die ihm sein Herz emphatisch diktiert, nicht schriftlich artikulieren: »könntest du dem Papier das einhauchen, was so voll, so warm in dir lebt […] – Aber ich gehe darüber zugrunde, ich erliege unter der Gewalt der Herrlichkeit dieser Erscheinungen« (8). Werther ahnt also schon sehr früh, dass er die Einheit zwischen Ich und Natur nicht realisieren wird. Formal wird diese Unmöglichkeit durch den langen Wenn-dann-Satz eingeleitet. Wenn er die herrliche Natur über viele

Zeilen hinweg hymnisch preist, überrascht er den Leser plötzlich mit der nüchternen und knappen Feststellung, dass eine Vereinigung unmöglich ist: »Aber ich gehe darüber zugrunde, ich erliege unter der Gewalt der Herrlichkeit dieser Erscheinungen« (8).

Die Natur ist stärker

Neben Werthers emphatisch-göttlichem Naturerlebnis tritt ein idyllisches. Schon hier zeigt sich, dass er ständig mit anderen Naturprojektionen operiert, der subjektiven Willkür sind Tür und Tor geöffnet. In seinem nächsten Brief (12. Mai 1771) beschreibt er einen typischen *locus amoenus*: Mädchen, die Wasser holen, Bäume, ein Brunnen und eine Quelle. Aber diese Idylle erweist sich als Trugbild Werthers, denn es ist »die warme himmlische Phantasie in [seinem] Herzen«, die ihm »alles rings umher so paradiesisch macht« (8). Er übersieht, dass der normale Alltag des einfachen Volkes alles andere als mühelos ist.

locus amoenus

Es dauert nur wenige Monate und Werther erfährt die Natur als Bedrohung. Am 30. Juli 1771 taucht Albert auf. Werther belastet die Anwesenheit von Lottes Verlobtem. Knapp drei Wochen später, am 18. August, fühlt er sich von der Natur bedroht, sie wird ihm »jetzt zu einem unerträglichen Peiniger« (60) und »Ungeheuer« (62). Nach dieser radikalen Kehrtwende ist Werther zutiefst verzweifelt, er sieht plötzlich »den Abgrund des ewig offnen Grabs« (62) vor sich.

Als Werther erkennt, dass seine Liebe zu Lotte keine Erfüllung finden wird, wächst seine Verzweiflung, die sich auch an der tristen Jahreszeit ablesen lässt, zunehmend: »Wie die Natur sich zum Herbste neigt, wird es Herbst in mir und um mich her« (93). Am 12. Dezember 1772 irrt der sichtlich Verstörte hinaus in die Natur, der Fluss ist über die Ufer getreten, er verliert wie Werther seine ursprüngliche Fassung. Die Natur wird nun zur Bedrohung: »Ein fürchterliches Schauspiel« (122). Wenige Tage später bringt sich Werther um.

Literatur als Rettung?

Lektürelaune

Auch die Literatur, die Werther liest, drückt seine aktuelle Stimmung aus: Homer, Klopstock, Ossian und Lessing sind seine bevorzugte Lektüre. Wenn er gut gestimmt ist, liest er in Homers *Odyssee*. Ihn verehrt er als Dichter des idyllischen und ursprünglichen Lebens, nach dieser Welt sehnt er sich: »ich brauche Wiegengesang und den habe ich in seiner Fülle gefunden in meinem Homer« (9). Auch sind es »die Züge patriarchalischen Lebens«, die er »ohne Affektation [Künstelei] in [seine] Lebensart verweben kann« (33). Er favorisiert das homerische Weltbild – aus gutem Grund: Homers Welt gilt ihm als Gegenentwurf zur bürgerlichen Gesellschaft. Homers Dichtung hilft ihm, zumindest über einen gewissen Zeitraum, reale Mängel zu kompensieren. Als Werther am 15. März 1772 aus der Adelsgesellschaft des Grafen verstoßen wird, fährt er auf einen nahe gelegenen Hügel und liest »den herrlichen Gesang […], wie Ulyss von dem trefflichen Schweinehirten bewirtet wird. Das war alles gut« (83). Als Odysseus nach jahrelanger Irrfahrt in seiner Heimat ankommt, wird er, der Herrscher des Landes, von dem Schweinehirten Eumaios bewirtet. Standesschranken spielen keine Rolle. Dieser Gedanke tröstet Werther.

Homer als Retter in der Not

Werther verliebt sich auf dem Ball in Lotte, Klopstocks Ode *Die Frühlingsfeier* dient beiden als Mittel, um ihre leidenschaftlichen Gefühle platonisch zu artikulieren (16. Juni 1771). Zwischen beide schiebt sich die Literatur und sublimiert die körperliche Leidenschaft. Noch ist Lotte für Werther unantastbar: »Sie ist mir heilig. Alle Begier schweigt in ihrer Gegenwart« (45).

Die Literatur sublimiert die Erotik

Doch diese literarisch-sinnliche Kommunikation verkehrt ihre Vorzeichen. Als Werther ahnt, dass Lotte für ihn unerreichbar bleiben wird, liest er die schwermütigen Gesänge Ossians. Homer, Garant für Werthers idyllische und harmonische Weltsicht, wird zu Gunsten Ossians aufgegeben: »Ossian hat in meinem Herzen den Homer verdrängt« (100). Dieser Lektürewechsel wird von Werther freudig begrüßt: »Welch eine Welt, in die der Herrliche mich führt!« (100). Es ist aber, wie sich herausstellen wird, eine zerstörerische Welt, denn in den Gesängen Ossians spiegelt sich Werthers Todessehnsucht und Melancholie wider. Als sich Lotte und Werther zum letzten Mal sehen, liest er ihr aus den Gesängen Ossians vor. Beide sind zutiefst gerührt von dem Vorgetragenen, sie weinen und sind innerlich sehr erregt: »Die Welt verging ihnen« (142). Nachdem Werther sie stürmisch geküsst hat, trennt sich Lotte von ihm: »Das ist das letzte Mal! Werther! Sie sehn mich nicht wieder« (142). Bedeutsam an dieser Stelle ist, dass die Literatur hier nicht mehr – wie in der Klopstock-Szene auf dem Ball – als Schutzschild funktioniert, um die Sinnlichkeit zu bannen, vielmehr bricht dieser Damm nun endgültig, deshalb ist es konsequent, dass Lotte sich mit aller Bestimmtheit von Werther distanziert

Lotte weist Werther in die Schranken

und ihn in die Schranken weist. Werthers Selbstmord ist damit besiegelt. Am nächsten Morgen beschließt er seinen Freitod: »Zum letzten Male denn, zum letzten Male schlage ich diese Augen auf« (143).

Die Lektüre, in die Werther unmittelbar vor seinem Tod hineinschaut, ist ein Trauerspiel von Lessing: »›Emilia Galotti‹ lag auf dem Pulte aufgeschlagen« (153). Emilia, ein tugendhaftes junges Mädchen, geht freiwillig in den Tod, um ihre Ehre zu retten. Sie bittet ihren Vater, sie zu töten, er erfüllt ihren Wunsch. Literatur dient Werther hier in finaler Konsequenz als Vorbild.

Werther – ein Künstler?

Werther erfüllt das Programm des Sturm und Drang nur unvollkommen: Die schöpferische Potenz, die Kreativität, die ein Genie auszeichnet, tritt bei ihm in den Hintergrund. Am 24. Juli 1771 teilt er Wilhelm mit, dass er seine Empfindungen nicht in einem Kunstwerk bündeln kann: »alles schwimmt und schwankt so vor meiner Seele, dass ich keinen Umriss packen kann« (47). Der Überreichtum seiner seelischen Eindrücke verhindert die künstlerische Umsetzung seiner Phantasien. Er ist hilflos: »Ich weiß nicht, wie ich mich ausdrücken soll« (47). Werther glaubt, und dies grenzt schon an Verzweiflung, ironischerweise, dass er, wenn er »Ton hätte oder Wachs« (47), vielleicht etwas zustande bringen würde. Werther ist ohne Zweifel ein Dilettant. Das wird besonders deutlich, als er Wilhelm berichtet, er habe dreimal Lottes Porträt angefangen zu zeichnen, sei aber jedes Mal gescheitert. Schließlich gelingt ihm, aber das

Werther, der Dilettant

ist keine große Kunst, ein »Schattenriss« (47) von ihr. Letztlich gibt er das Zeichnen und Malen auf.

Aber Werther ist bis zu dem Zeitpunkt, an dem der Herausgeber seine letzten Wochen dokumentiert, ohne Zweifel ein begnadeter, genialer Briefeschreiber. Hier trifft Werther den Ton und die Sprache, die von den Stürmern und Drängern emphatisch gelobt werden. Neu an dem Stil ist, dass es Werther mit ihm gelingt, die Intensität seiner Gefühle authentisch zu artikulieren. Die Form des Briefs kommt ihm hier entgegen. Der Leser wird zum intimen Kommunikationspartner, der sich direkt und unmittelbar angesprochen fühlt. Kein auktorialer Erzähler greift hier moralisierend ein und bewertet das Verhalten Werthers, dies bleibt jedem einzelnen Leser überlassen.

Briefe kann er schreiben!

Werther akzeptiert die Regeln der aufgeklärten Literatur nicht: Inversionen, also die Umkehrung der üblichen Satzstellung, sind verpönt. In Werthers Briefen findet man dagegen recht häufig Inversionen. Diese subjektive Ausdrucksform, die sich nicht um die Regeln der Sprachnorm kümmert, wird vom Gesandten, dem Vorgesetzten Werthers, kritisiert: »von allen Inversionen, die mir manchmal entfahren, ist er ein Todfeind« (74). Und der Gesandte würde sicherlich, wenn er Werthers Briefe zu Gesicht bekommen hätte, noch mehr bemängeln. Häufig findet man Aposiopesen, der Satz wird einfach abgebrochen: »Ich habe – ich weiß nicht« (20). Auffällig sind auch die langen Konditionalsatzgefüge, in denen Werther fast wie im Rausch seine Eindrücke schildert: so zum Beispiel die schwärmerische Beschreibung der Natur am 10. Mai 1771. Werthers leidenschaftliche Sprache er-

Stilmerkmale

reicht ihren Höhepunkt in seinem Abschiedsbrief: »Nein, Lotte, nein – Wie kann ich vergehen? wie kannst du vergehen? Wir s i n d ja! – Vergehen! – Was heißt das? Das ist wieder ein Wort! ein leerer Schall! ohne Gefühl für mein Herz. – – Tot, Lotte!« (143). Die Ausrufe und Gedankenstriche spiegeln Werthers Aufgewühltheit authentisch wider.

Die Kreativität hat ein Ende

Doch seine literarische Tätigkeit kommt ins Stocken. Am 3. November 1772, einen guten Monat bevor der Herausgeber Werthers Ende dokumentiert, weil dieser kaum noch fähig ist, zusammenhängend zu schreiben, stellt Werther mit Verbitterung fest: »ich habe verloren, was meines Lebens einzige Wonne war, die heilige belebende Kraft, mit der ich Welten um mich schuf; sie ist dahin!« (103). Zwar kann er – mit letzter Energie – noch ein paar Briefe schreiben, aber dann versiegt seine Kraft.

Werther und die Gesellschaft

Die Rolle des Bügertums

Werther versteht sich – ganz in der Manier der Stürmer und Dränger – als autonomes Subjekt, das sich selbst verwirklichen will, dabei kommt der eigenen Leidenschaft, dem Gefühl und der Empfindsamkeit ein sehr hoher Stellenwert zu. Dieser Lebensentwurf steht im Widerspruch zu der ständisch gegliederten Gesellschaft. Der Adel stand an der Spitze der Hierarchie, das Bürgertum, inzwischen mächtiger geworden, hatte sich ihm aber noch unterzuordnen.

Werther gehört zu den bürgerlichen Personen im 18. Jahrhundert, die, mehr oder weniger unabhängig von den höfischen und klerikalen Institutionen, trotzdem um eine sehr eigenwillige Identität kämpfen. Er kann sich diesen vermeintlichen Luxus leisten, weil er ökonomisch unabhängig ist.

Werther ist betrübt, wenn er daran denkt, dass der Mensch arbeiten muss, um sich am Dasein zu erhalten: »Das alles, Wilhelm, macht mich stumm« (12). In die Arbeiter- und Bürgerwelt kann und will sich Werther niemals einordnen. Auch die Welt des Adels bleibt ihm verschlossen. Als er beim Gesandten als Sekretär arbeitet, scheitert der Integrationsversuch radikal, er kündigt seinen Dienst nach wenigen Monaten auf. Am 15. März 1772 übt er zwar recht emotional Kritik am Adel – »Hole sie der Teufel!« (83) – aber sie berührt nicht die Frage nach den Standesgrenzen, gibt vielmehr der Unmöglichkeit Ausdruck, die eigenen Gefühle ausleben zu können.

Keine fundierte Kritik an der Gesellschaft

Werther stellt die Hierarchie der Gesellschaft nicht in Frage, er kritisiert sie lediglich dann, wenn sie seinem Freiheitsdrang im Weg steht: »Zwar weiß ich so gut als einer, wie nötig der Unterschied der Stände ist, wie viel Vorteile er mir selbst verschafft: nur soll er mir nicht eben gerade im Wege stehen« (76). Es macht keinen Unterschied, ob Werther die Bürger oder die Adeligen kritisiert, denn er leidet grundsätzlich an der Gesellschaft.

Aus dieser antizivilisatorischen Ablehnung heraus, die man auf die Philosophie Jean-Jacques Rousseaus zurückführen kann, lässt sich verstehen, warum Werther die Welt der Kinder und der einfachen Leute (15. Mai 1771) so hoch schätzt. Kinder sind für ihn »unverdorben« (34), noch nicht von den gesellschaftlichen Konventionen verformt; aus diesem

Werther liebt die Kinder

Grund sucht er immer wieder ihre Nähe. Statt sich den Anforderungen des Erwachsenendaseins zu stellen, flüchtet sich Werther – regressiv – in die kindliche Lebenswelt.

Die Gesellschaft trocknet seine »Sinne« (78) aus, auch deshalb ist er nicht in der Lage, sich zu integrieren. Hier ist kein Platz für sein mit innigsten Gefühlen überbordetes Stürmer-und-Dränger-»Herz«. So hält er es wegen der Geringschätzung seiner emotionalen Bedürfnisse auch auf dem Jagdschloss des Fürsten nicht lange aus: »Auch schätzt er meinen Verstand und meine Talente mehr als dies Herz, das doch mein einziger Stolz ist« (89).

Die Distanz zur Gesellschaft wird im Brief vom 20. Januar 1772 besonders deutlich: »Ich spiele mit, vielmehr, ich werde gespielt wie eine Marionette, und fasse manchmal meinen Nachbar an der hölzernen Hand und schaudere zurück« (78). Nur mit Widerwillen richtet er seine Existenz nach den Regeln des Hofes aus. Aber schon an gleicher Stelle bringt er die unaufhebbare Kluft zwischen sich und der Gesellschaft auf den Punkt: Sie ist für ihn ein »Raritätenkasten« (78), in dem Absonderlichkeiten ausgestellt werden. Manchmal fragt er sich, ob dies »nicht optischer Betrug ist« (78). Es ist kein »Betrug«, wie Werther im Verlauf des Romans immer wieder schmerzhaft erfahren muss.

Gescheiterte Liebe

Werthers Liebe zu Lotte ist von Anfang an zum Scheitern verurteilt. Seine Aussage »mein Herz habe ich allein« (89) zeigt, dass er es nicht mit einem anderen Menschen teilen kann. Werthers Egozentrik, die ihn immer tiefer in die Einsamkeit, in die Isolation drängt, ist auch hier mit verantwortlich für sein Liebesunglück. Er ist, wie wir gesehen haben, nicht in der Lage, künstlerisch produktiv zu werden, da er die ihn überwältigenden Eindrücke in keine Form zu bringen vermag. Das Gleiche gilt für die Beziehung zu Lotte, seine »tobende endlose Leidenschaft« (65) kann er nicht in sinnvolle und lebenserhaltende Bahnen lenken.

Schon bei ihrer ersten Begegnung wird die Polarität zwischen Werther und Lotte deutlich. Lotte bestätigt ihm, dass sie mit Albert verlobt sei, daraufhin verliert er auf dem Tanzboden die Orientierung: »ich verwirrte mich, vergaß mich, und kam zwischen das unrechte Paar hinein, dass alles drunter und drüber ging« (28). Lotte reagiert sofort, sie stellt die »Ordnung« (28) wieder her. Beide werden diese Eigenschaften im ganzen Verlauf des Romans aufrechterhalten. Werther verstrickt sich immer weiter in seine chaotischen Gefühlseskapaden, Lotte dagegen bleibt stets eine Vertreterin der »Ordnung«.

Chaos versus Ordnung

Werther schätzt sein Verhältnis zu Lotte ständig falsch ein. Am 13. Juli 1771 fühlt er, dass sie ihn liebt: »Ja ich fühle, und darin darf ich meinem Herzen trauen, dass sie [...], dass sie mich liebt!« (44). Er weiß es jedoch nicht sicher, er gründet sein Gefühl, wie so oft, auf sein Herz. Im selben Brief wird ein weiterer entscheidender Punkt von Werthers Egozentrik in seiner Liebe zu Lotte deutlich: sie ist durch und durch narzisstisch: »Und wie wert ich mir selbst werde, [...] wie ich mich selbst anbete, seitdem sie mich liebt!« (44). Lotte hat hier lediglich die Funktion, Werthers Selbstwertgefühl zu stärken. Seine Verwunderung ist nicht gering, als sie ihn mit der folgenden Vermutung konfrontiert: »Ich fürchte, ich fürchte, es ist nur die Unmöglichkeit, mich

Immer wieder das Herz

zu besitzen, die Ihnen diesen Wunsch so reizend macht« (126 f.). Werther zieht sofort nach dieser Einschätzung Lottes seine Hand aus der ihren zurück, vielleicht weil er ahnt, dass sie Recht haben könnte.

Deutlich wird wieder, dass eine gleichwertige Beziehung zu Lotte nicht möglich ist, weil Werther zu sehr auf sein eigenes Ich zentriert ist. Dieses Dilemma beginnt der verzweifelte Werther am 27. Oktober 1772 zu verstehen: »Ich möchte mir oft die Brust zerreißen und das Gehirn einstoßen, dass man einander so wenig sein kann« (102). Lediglich in seiner Phantasie kann er sich Lotte im Brief vom 29. Juli 1772 problemlos nähern: »Sie meine Frau! Wenn ich das liebste Geschöpf unter der Sonne in meine Arme geschlossen hätte« (91). Zu diesem Zeitpunkt kann Werther zweifellos noch zwischen Realität und Traum unterscheiden, als aber seine Gefühlsverwirrung ihren Höhepunkt erreicht, gelingt ihm das nicht mehr, die Grenzen zwischen realer Lebenswelt und Phantasie verschwimmen am 14. Dezember 1772: »Diese Nacht! ich zittere, es zu sagen, hielt ich sie in meinen Armen, fest an meinen Busen gedrückt, und deckte ihren liebelispelnden Mund mit unendlichen Küssen« (123). Diese Fehlinterpretation kommt einer Bankrotterklärung seiner Art zu lieben gleich. Als er wenig später Lotte nach seiner Ossian-Lesung leidenschaftlich – und real – küsst, bleibt ihm, nachdem sie ihm kategorisch klar macht, dass es der letzte Kuss gewesen sei, nur noch der Freitod als ›Ausweg‹.

Erotische Phantasie

7. Autor und Zeit

Johann Wolfgang Goethe wird am 28. August 1749 in Frankfurt am Main in eine vermögende und angesehene Bürgerfamilie hineingeboren. Seine Mutter, Catharina Elisabeth Goethe (1731–1808), geb. Textor, hatte mit 17 Jahren Johann Caspar Goethe (1710–82) geheiratet, seines Zeichens Kaiserlicher Rat der Stadt Frankfurt.

Goethe erhält eine fundierte Schulausbildung. Sein Vater bringt ihm die damals üblichen Kenntnisse im Elementarunterricht bei. Einige Hauslehrer unterrichten ihn in den naturwissenschaftlichen Fächern, außerdem in Latein, Griechisch, Zeichnen, Französisch, Englisch, Hebräisch, auch der Sport kommt nicht zu kurz: Reiten, Fechten und Eislaufen stehen auf dem Programm. Schon früh, seit 1759, schreibt der junge Mann Gedichte.

Goethes Ausbildung

Zwischen 1765 und 1768 studiert Goethe in Leipzig Jura, jedoch mit wenig Erfolg; schon hier weiß der Student, dass er sein Leben nicht als Jurist fristen möchte. 1766 verliebt er sich in Leipzig in Anna Katharina Schönkopf (1746–1810). Bei ihren Eltern, Wirtsleuten, nimmt er täglich seinen Mittagstisch ein. Die typischen Momente, die Goethes Liebschaften ausmachen, sind hier bereits vorhanden: die temperamentvolle Liebe zu Beginn der Bekanntschaft, einige literarische Texte, in denen er die Geliebte preist (*Buch Annette*). Dann folgt eine Periode der Zweifel, schließlich die Flucht. Sie trennen sich, unter anderem weil Goethe zu eifersüchtig ist. Um mit Liebeskummer, von dem er bis ins Greisenalter hinein geplagt wird, fertig zu werden, greift er zu seinem üb-

Liebeshändel

lichen Heilmittel: er dichtet; nur schreibend kann er seine Gefühlsverwirrung kompensieren. Schließlich verfasst er das Schäferspiel *Die Laune des Verliebten*.

Im Sommer 1768 kehrt Goethe nach einem lebensbedrohlichen Blutsturz nach Frankfurt zurück. Erst im Frühjahr 1770 nimmt er sein Studium in Straßburg wieder auf, 1771 legt er seine Promotion zum Lizentiaten der Rechte ab. Nach seinem Studienabschluss reist er wieder nach Frankfurt, dort arbeitet er auf dem Schöffengericht, allerdings ist er nicht sonderlich fleißig, lediglich 28 Prozesse führt er. Seine literarische Tätigkeit ist ihm wichtiger. Er übersetzt beispielsweise aus den Werken des schottischen Dichters Macpherson (1736–96) die schwermütigen *Gesänge von Selma*, die er teilweise später in den *Werther* übernimmt. Im Winter 1771 vollendet Goethe sein erstes bedeutendes Theaterstück, den *Götz von Berlichingen mit der eisernen Hand*.

Aufenthalt in Wetzlar: Goethe ist nicht Werther

Der junge Anwalt folgt dem Rat seines Vaters und reist im Mai 1772 nach Wetzlar, um als Praktikant am Reichskammergericht seine beruflichen Kenntnisse zu erweitern. Ohne dieses fünfmonatige Intermezzo wäre der *Werther* nie entstanden, denn in der hessischen Kleinstadt erlebt Goethe Entscheidendes. Am 9. Juni 1772 lernt er auf einem Ball im nahe gelegenen Volpertshausen Charlotte Buff (1753–1828) kennen. Dieses Treffen wird im *Werther*-Brief vom 16. Juni 1771 poetisch dargestellt. Allerdings sollte der Leser sich hier schon bewusst machen, dass dieser Brief nicht die reale Begegnung zwischen Goethe und Charlotte Buff wiedergibt, es handelt sich vielmehr um eine fiktionale Darstellung, in deren Mittelpunkt Werther und Lotte stehen, nicht Charlotte Buff und Goethe. Er selbst hat im dreizehnten Buch

Goethe im Alter von 24 Jahren.
Ölminiatur von Johann Daniel Bager
Foto: Archiv für Kunst und Geschichte, Berlin

seiner Biografie *Dichtung und Wahrheit* darauf aufmerksam gemacht, dass er »Wirklichkeit in Poesie verwandelt«[6] habe.

Schon am nächsten Tag besucht der junge Jurist Charlotte Buff in Wetzlar im Deutschen Haus (22). Es dauert nicht lange und Goethe verliebt sich in sie. Das ist problematisch, zumal Fräulein Buff mit dem bremischen Gesandtschaftssekretär Johann Christian Kestner (1741–1800) verlobt ist. Zunächst verstehen sich die drei recht gut, man unterhält sich, geht gemeinsam spazieren und feiert Feste. Doch im August 1772 bekommt das Freundschaftsverhältnis die ersten Risse. Charlotte Buff gesteht ihrem Verlobten, dass der Freund ihr einen Kuss gegeben habe. Kestner ist zunächst erbost, doch dank seiner noblen Haltung kann diese kleine Krise beigelegt werden. Inzwischen wird Goethe jedoch klar, dass er chancenlos bleiben wird. Deshalb flüchtet er am 11. September 1772 aus Wetzlar. Von seinen Freunden verabschiedet er sich nicht.

Seine Reise führt ihn zunächst nach Ehrenbreitstein, dort besucht er die Dichterin Sophie von La Roche (1731–1807). Zu ihrer Tochter Maximiliane (1756–93) fühlt er sich hingezogen, aber auch dort muss er erkennen, dass eine Verbindung mit der jungen Dame unmöglich ist. Schließlich reist er ab und begibt sich wieder nach Frankfurt.

Jerusalems Selbstmord

Im Herbst 1772 wird er noch einmal an seine Erlebnisse in Wetzlar erinnert. Am 30. Oktober erschießt sich dort der Legationssekretär Carl Wilhelm Jerusalem (1747–72), die Pistole hat er sich übrigens von Kestner geliehen. Dieser Fall erregt großes Aufsehen, weil Jerusalem unglücklich in die verheiratete Elisabeth Held verliebt ist. Als Goethe von dem tragischen Fall erfährt, »schoß von allen Seiten [das Material] zusammen und ward eine solide Masse, wie das Wasser im Gefäß, das eben auf dem Punkte des Gefrierens steht, durch die geringste Erschütterung sogleich in ein festes Eis verwandelt wird«[7]. Das letzte Motiv zur Niederschrift des *Werther* gibt im Januar 1774 die Vermählung Maximilianes von La Roche mit Peter Anton Brentano (1735–97). Es kommt zum Streit zwischen den beiden Männern, weil Goethe sich immer noch mit Maximiliane trifft. Anschließend zieht sich Goethe für vier Wochen zurück und schreibt im Februar und März 1774 den *Werther*.

»Sturm und Drang«

Entscheidend für das Verständnis des Romans ist die literarische Strömung der Zeit, in der er geschrieben wurde. Diese künstlerische Bewegung, in der Goethes *Werther* entstand, ist der »Sturm und Drang«.

Die Bezeichnung geht auf Friedrich Maximilian Klingers gleichnamiges Theaterstück von 1777 zurück. Die Künstler des Sturm und Drang, die sich vornehmlich in Frankfurt am Main, Göttingen und Straßburg für nur kurze Zeit gruppieren, nehmen eine antisystematische Haltung ein. Wurde Dichtung bisher von ausgeklügelten Regelpoetiken bestimmt, die genau vorschrieben, wie ein Gedicht, ein Roman und ein Drama gestaltet werden mussten, ignorieren die Stürmer und Dränger diese Vorschriften.

Genie und Original

Im Mittelpunkt steht vielmehr die Forderung nach uneingeschränkter Freiheit. Diese wird vor allem vom Genie, ein zentraler Begriff der Stürmer und Dränger, verwirklicht. Das Genie ignoriert gelassen die althergebrachten Regelpoetiken, denn es schafft aus der eigenen schöpferischen Kraft heraus neue Kunstwerke. Das Genie wird zum »Original«, weil es nur aus sich selbst heraus eine neue Welt erdichtet. Sein Schaffen stellt so die unmittelbar sinnlich-individuellen Empfindungen dar. Aber nicht nur die rationalistischen Regelpoetiken werden von den Stürmern und Drängern kritisiert, vielmehr auch die Gesellschaftsordnung mit ihren Ständeschranken und ihren veralteten Konventionen. Die Gesellschaft ist ein Stolperstein für die Entwicklung des Genies. Im Mittelpunkt stehen ohne Zweifel die individuelle Selbsterfahrung und die Befreiung des Individuums aus der spießbürgerlichen und zweckrationalen Ständegesellschaft. Gegenüber der Vernunft wird vor allem der Wert des Gefühls, der Sinnlichkeit und der Spontaneität betont. Auch die Natur wird von den Stürmern und Drängern aufgewertet, sie ist das Fundament alles Schöpferischen. Im Genie erscheint die Natur als Gipfelpunkt des Individuellen, in ihm offenbart sich die schöpferische Natur einmalig und unmittelbar. Die Hochschätzung der Natur geht auf den Einfluss William Shakespeares (1564–1616) und Johann Gottfried Herders (1744–1803), vor allem aber auf Jean-Jacques Rousseau (1712–78) zurück, den die Stürmer und Dränger begeistert feiern. In dessen Erziehungstraktat *Emile oder Über die Erziehung* (1762) wird der Gedanke entwickelt, dass zur ganzheitlichen Herausbildung des Ich dem Gang der Natur zu folgen sei. »Der natürliche Mensch ist sich selbst alles. Er ist die ungebrochene Einheit, das absolute Ganze, das nur zu sich selbst oder seinesgleichen eine Beziehung hat.«[8] Im Gegensatz dazu eignet dem »homme civil«, dem vergesellschafteten Men-

Einfluss Rousseaus

schen also, nur noch ein gebrochenes Ich (»unité fractionnaire«). Daraus ging hervor, dass sich aus der Aufhebung aller gesellschaftlichen Hindernisse des Ancien Régime die Ichstärkung des Individuums ableiten lassen musste; eine Folgerung, deren Sprengkraft nicht nur in der Französischen Revolution zur Geltung kommen sollte.

Wie nun erkennt das Genie den Gang der Natur? Das Herz ist der Ort, wo die wahren, d. h. hier die natürlichen Gefühle und die ästhetisch-genialischen Fähigkeiten ihren Ursprung haben. Das unverstellte Fühlen wird höher bewertet als verfremdendes Denken. Werther, der sich für ein Genie hält, betont nicht umsonst ständig die unvergleichliche Erkenntniskraft des Herzens; gleichzeitig wertet er vernunftbestimmte Personen wie Albert ab.

Schon in seiner Hymne *Prometheus* (1771) favorisiert Goethe das »heilig glühend Herz«. In den übrigen bedeutenden Hymnen des jungen Goethe (*Wanderers Sturmlied*, *An Schwager Kronos*, *Ganymed* und *Mahomets-Gesang*), die vor dem *Werther* entstanden, treten die Grundpositionen des Sturm und Drang deutlich hervor: die schöpferische Natur, die Autonomie des genialischen Subjekts, sein Originalitätsbewusstsein und die hohe Bewertung der individuellen Gefühle.

Diese Positionen führen, wenn sie nicht mehr durch die Vernunft reguliert werden, man sieht es an Werther, in letzter Konsequenz zum Selbstmord. Der uneingeschränkte Individualismus verneint die menschliche Gesellschaft, folglich ist das Genie zur Isolation verdammt. Goethe erkennt dieses Problem sehr schnell, schon mit dem *Werther* kritisiert er deshalb die Fixierung auf das einzelne schöpferische Subjekt.

Goethe reagiert!

Damit aber nicht genug, Goethe reagiert auf die kritische und kontroverse Rezeption seines Romans. Er überarbeitet sein Werk, 1787 erscheint die zweite Fassung des *Werther*. Hier hat der Autor stilistische Änderungen vorgenommen, der genialische Stil der Erstfassung wird eingeebnet: So wird etwa das Wort »Kerl« bis auf wenige Ausnahmen getilgt. Goethe erweitert den Herausgeberbericht, um die radikal subjektive Sichtweise Werthers zu korrigieren: Er erscheint nun als pathologischer Fall. Auch Alberts Charakterisierung überarbeitet er, seine Person wird nun aufgewertet. Außerdem wird die so genannte Bauernburschenepisode hinzugefügt. Auch die negative Rolle der von Werther in der ersten Fassung abgelehnten Adelsgesellschaft mildert der Autor deutlich.

Goethe, der schon mit dem *Werther* seine eigene Geniephase kritisiert, distanziert sich in der Folge schnell von dem Sturm- und Drang-Intermezzo. »Antiker Form sich nähernd«, verwirft er jeglichen Genie- und Originalitätskult. Diese Umorientierung hängt mit Goethes weiterem Lebensweg zusammen. 1775 lädt ihn der Erbprinz und spätere Herzog Carl August (1757–1828) von Sachsen-Weimar-Eisenach in seine Residenzstadt Weimar ein. Goethe nimmt dieses Angebot an, am 7. November 1775 trifft er in der kleinen Provinzstadt ein. Er wird bis zu seinem Lebensende dort wohnen bleiben. Hier lernt der stürmische junge Mann die Hofdame Charlotte von Stein (1742–1827) kennen. Keine Frau vor und nach ihr übte über so lange Zeit, zehn Jahre, auf sein Denken und Verhalten einen so großen Einfluss aus. Obendrein verliebt er sich in die verheiratete Charlotte. Über Jahre hinweg verbindet sie, obwohl Goethe erotisch chancenlos bleibt, eine sehr innige

Goethe in Weimar: Frau von Stein

Freundschaft. Der Hofdame gelingt es, und das ist für Goethes weitere Entwicklung nicht zu unterschätzen, den jungen Künstler zu erziehen: Sie fordert von ihm, sich von den genialischen Launen der letzten Jahre zu lösen. Das ist auch nötig, denn im Juni 1776 tritt Goethe als Geheimer Legationsrat in den weimarischen Staatsdienst ein. Ein unberechenbares Genie wäre hier fehl am Platz gewesen. Goethe aber bewährt sich in seiner neuen Stellung: Zum Beispiel ist er für den Zustand der Landstraßen ebenso wie für die Katastrophenabwicklung bei Bränden verantwortlich. Im Frühjahr 1779 übernimmt er zusätzlich die Leitung der Kriegskommission. In dieser Zeit entsteht die Prosafassung des Schauspiels *Iphigenie auf Tauris* (1779), hier ist nichts mehr von dem genialischen Satzstakkato des *Werther* übrig geblieben, ganz im Gegenteil. Goethe strebt, wie er immer wieder betont, nach »Reinheit« – und eben nicht nach dem chaotischen Lebensgefühl Werthers.

Der Erfolgsautor bewährt sich im Staatsdienst

In den folgenden Jahren wird Goethe fast von seiner immer größer werdenden Amtslast erdrückt, zumal er noch die Leitung der obersten Finanzbehörde übernimmt. Für seine künstlerische Tätigkeit bleibt nur noch wenig Zeit. Als sein Leidensdruck zu groß geworden ist, reist er fluchtartig am 3. September 1786 nach Italien ab. Die Reise ist eine Befreiung für ihn, jetzt endlich kann er sich der Literatur, dem Studium der Antike und seinen geliebten naturwissenschaftlichen Forschungen widmen. Am 18. Juni 1788 kehrt ein völlig gewandelter Goethe nach Weimar zurück. Es beginnt eine produktive poetische Phase. Außerdem geht er eine Liebschaft mit Christiane Vulpius (1765–1816) ein, einer einfa-

Italienreise

chen Fabrikarbeiterin, beide heiraten 1806. 1789 wird ihr Sohn August geboren.

1808 erscheint Goethes Tragödie *Faust I*, nicht zuletzt deshalb, weil sein Freund Friedrich Schiller (1759–1805) ihn immer wieder zur Arbeit drängt. Ebenso drängt ihn Schiller, die Arbeit am Roman *Wilhelm Meister* voranzutreiben. Es gibt, wie die Werktabelle zeigt, zwei verschiedene Versionen seines ersten Teils (1777 und 1795/96). 1821 erscheint der zweite Teil *Wilhelm Meisters Wanderjahre oder Die Entsagenden*. In der ersten und zweiten Fassung des ersten Teils will Wilhelm Schauspieler werden, ein genialer, doch dieses Vorhaben scheitert. Im zweiten Teil wendet sich der alte Goethe noch mächtiger gegen den Geniekult. Nicht der Einzelne ist in den *Wanderjahren* wichtig, sondern die Gemeinschaft. Wilhelm wird folglich ein nützliches Mitglied der Gesellschaft, er arbeitet als Wundarzt. Den vollendeten Gegensatz zum *Werther* erreicht der alte Goethe schließlich in seiner *Novelle* (1828). Mit ihr entwirft er ein Gegenbild zu Werthers chaotischer, unberechenbarer Welt, wie es nicht radikaler sein kann.

Genie auf verlorenem Boden

Werktabelle

1768/69 *Die Mitschuldigen*. Lustspiel.
1771 *Zum Schäkespears Tag*. Rede. *Sesenheimer Lieder.*
1772 *Von deutscher Baukunst*. Aufsatz.
1773 *Götz von Berlichingen mit der eisernen Hand*. Schauspiel.
1774 *Clavigo*. Trauerspiel. *Die Leiden des jungen Werthers* [Erstfassung].

1776 *Die Geschwister*. Schauspiel. *Stella. Schauspiel für Liebende.*
1777 *Harzreise im Winter*. Hymne.
1777–85 *Wilhelm Meisters theatralische Sendung*. Romanfragment.
1779 *Iphigenie auf Tauris*. Schauspiel [Prosafassung].
1787 *Die Leiden des jungen Werther* [Zweitfassung]. *Iphigenie auf Tauris* [Versfassung].
1788 *Egmont*. Trauerspiel.
1790 *Torquato Tasso*. Schauspiel. *Versuch, die Metamorphose der Pflanzen zu erklären*. Aufsatz.
1792 *Der Groß-Cophta*. Lustspiel.
1793 *Der Bürgergeneral*. Lustspiel.
1794 *Reineke Fuchs*. Epos.
1795 *Unterhaltungen deutscher Ausgewanderten*. Novellendichtung. *Römische Elegien*. Gedichtzyklus. *Märchen. Venetianische Epigramme.*
1795/96 *Wilhelm Meisters Lehrjahre*. Roman.
1796 *Xenien*. Epigramm-Sammlung [zusammen mit Friedrich Schiller verfasst].
1797 *Hermann und Dorothea*. Epos.
1799 *Die Metamorphose der Pflanzen*. Elegie.
1803 *Die natürliche Tochter*. Trauerspiel.
1808 *Faust*. Tragödie. Erster Teil.
1809 *Die Wahlverwandtschaften*. Roman.
1810 *Zur Farbenlehre*. Naturwissenschaftliche Abhandlung.
1811 ff. *Aus meinem Leben: Dichtung und Wahrheit*. Autobiografisches Werk.
1816 ff. *Italienische Reise*. Autobiografisches Werk.
1819 *West-östlicher Divan*. Gedichtzyklus.
1820 *Zahme Xenien*.

1821/29 *Wilhelm Meisters Wanderjahre oder Die Entsagenden*. Roman.

1822 *Die Belagerung von Maynz*. Autobiografische Schrift. *Campagne in Frankreich 1792*. Autobiografische Schrift.

1823 *Marienbader Elegie.*

1828 *Novelle.*

1831 *Faust*. Tragödie. Zweiter Teil.

8. Rezeption

Der Roman *Die Leiden des jungen Werther* ist sofort ausgesprochen erfolgreich; bis 1790 erscheinen allein 30 deutschsprachige Drucke von Goethes Bestseller. Auch seine Wirkung in Europa ist fulminant. In Frankreich erscheint die erste Übersetzung 1775 und in England 1781. Zu seinen prominentesten Lesern gehörte Napoleon, angeblich habe er das Werk, so berichtet er Goethe höchstpersönlich, siebenmal gelesen.

Der Roman, der ohne Zweifel für viele Zeitgenossen ein Skandal ist, spaltet die Leser in drei Gruppen:[9]

Zustimmung und Ablehnung

1. Karl Philipp Moritz (1756–93), Jakob Michael Reinhold Lenz (1751–92), Gottfried August Bürger (1747–94) und viele andere Stürmer und Dränger feiern den *Werther* euphorisch. Sie identifizieren sich vorbehaltlos und überschwänglich mit der literarischen Gestalt des jungen Selbstmörders.

2. Auch die Aufklärer, die der Vernunft als höchstem Gut verpflichtet sind, melden sich zu Wort. Gotthold Ephraim Lessing (1729–81), Moses Mendelssohn (1729–86) und Georg Christoph Lichtenberg (1742–99) würdigen zwar die literarische Qualität des Romans, aber die ausufernde Emotionalität und Sinnlichkeit, die beide nicht von der Vernunft kontrolliert werden, sind ihnen hier zu machtvoll am Werk. Werther hätte überleben können, so ihre Meinung, wenn er seine irrationale Gefühlswelt vernunftgeleitetem Handeln unterstellt hätte.

3. Nicht zuletzt kritisiert der orthodoxe Klerus, etwa Johann Melchior Goeze (1717–86), den Briefroman auf das

Schärfste. Besonders Werthers Verteidigung des Selbstmordes wird kategorisch abgelehnt, handelt es sich doch hier um eine Todsünde. Aber auch die Tatsache, dass Werther die Frau eines anderen begehrt, ist skandalös. Dazu bemerkt Goeze: »Einem jeden Christen, der für das Wort seines Heylandes: *Ich sage euch, wer ein Weib ansiehet, ihr zu begehren, der hat schon die Ehe mit ihr gebrochen in seinem Herzen*, Matth. 5,28, noch einige Ehrerbietung hat, der die Worte des heil. Johannes: *Wir wissen, daß ein Todtschläger nicht hat das ewige Leben bey ihm bleibend*, 1. Joh. 3,15, als einen Lehrsatz ansiehet, welcher sich auf ein unveränderliches Urtheil unsers allerheiligsten und allerhöchsten Richters gründet, muß nothwendig das Herz bluten, wenn er die *Leiden des jungen Werthers* lieset.«[10] Damit nicht genug: Schon der Titel des Romans ist eine Provokation, denn er spielt auf die Leidensgeschichte von Jesus an. Der durchaus weltliche Werther steht jedoch ohne Zweifel im Widerspruch zur religiösen Welt.

Werther-Kult

Trotz aller Kritik ist der *Werther* auch noch Jahre nach seinem Erscheinen Kult. So parfümierte man sich mit »Eau de Werther«, fand Werther-Souvenirs hübsch und kleidete sich wie Werther. Szenen aus dem Roman werden in Kupfer gestochen und in Öl gemalt. »Weltschmerz wurde so modern, daß man vom ›Werther-Fieber‹ sprach und fürchtete, die hartnäckigsten Werther-Anhänger würden auch vor dem Selbstmord nicht haltmachen.«[11] In der Literatur wurde und wird der *Werther* fortwährend diskutiert und umgeformt: Opern, Operetten, Dramen, Gedichte, Theaterstücke, Parodien, Bänkelgesang, Posse und Ballett transformieren den *Werther* immer wieder auf neue Weise. Bis zum Jahr 1909 gab es allein in Deutschland 140 *Werther*-Titel.

Schon kurz nach dem Erscheinen von Goethes Briefroman erscheinen »Wertheriaden«, Texte, in denen sich in der Regel ein sensibler, empfindsamer Protagonist in eine verheiratete Frau verliebt. In den »Wertheriaden« wird Werthers Leben parodiert. Schon 1775 erscheinen von Friedrich Nicolai (1733–1811) *Die Freuden des jungen Werthers. Leiden und Freuden Werthers des Mannes*: Werthers Selbstmord missglückt, weil Albert die Pistolen mit Hühnerblut geladen hat. Werther schießt, sein Kopf ist blutbesudelt, er glaubt sich schwer verwundet, aber da kommt Albert und klärt ihn auf, obendrein verzichtet Albert auf Lotte. Schließlich heiraten Werther und Lotte und stellen erstaunt fest, dass die Liebe schnell verblasst. Trotzdem bleiben sie zusammen und werden brave Bürger, die ihre acht Kinder erziehen.

»Wertheriaden«

Goethe wird sofort von Jakob Michael Reinhold Lenz (1751–92) verteidigt, der 1775 zehn *Briefe über die Moralität der Leiden des jungen Werthers* schreibt. Allerdings argumentiert Lenz – wie Werther – zu emotional, letztendlich gelingt es ihm nicht, die Einwände Nicolais zu widerlegen.

Auch Lotte wird nicht vernachlässigt, 1775 erscheint August Cornelius Stockmanns (1751–1821) Roman *Die Leiden der jungen Wertherinn*. Die Erzählperspektive richtet sich vor allem auf Lotte, sie schlüpft nun in die Rolle Werthers.

Im 20. Jahrhundert sind es vor allem zwei Werke, die den *Werther*-Stoff wieder aufnehmen. Thomas Manns (1875–1955) *Lotte in Weimar* (1939) und Ulrich Plenzdorfs (geb. 1934) *Die neuen Leiden des jungen W.* (1972). Mann arrangiert in seinem Roman ein Treffen zwischen der inzwischen greisen Hofrätin Charlotte Kestner und dem alten

Thomas Mann und Frau Buff

Goethe in Weimar. Frau Kestner trifft in Weimar ein, um ihre Schwester zu besuchen. Aber dies ist nur ein Vorwand, vor allem möchte sie Goethe treffen. Schließlich wird sie eingeladen, mit dem Dichterfürsten zu tafeln. Doch schnell wird deutlich, dass beide Welten trennen. Goethe bewahrt Distanz, von der rasenden Leidenschaft des verliebten Jünglings, der in Wetzlar um die Schönheit warb, ist nichts zu spüren. Lotte befindet sich immer noch auf dem Niveau der Romanwelt. Goethe dagegen hat eine höhere Bewusstseinsstufe erreicht. Er ist jetzt, das weiß er sehr wohl zu schätzen, ein weltberühmter Autor, jede überbordende emotionale Gefühlsregung ist ihm zuwider.

1972 wird das Theaterstück *Die neuen Leiden des jungen W.* sehr erfolgreich in der DDR aufgeführt. Sein Autor, Ulrich Plenzdorf, veröffentlicht 1973 einen gleichnamigen Roman. Der Protagonist der Handlung, Edgar Wibeau, gibt seine Lehre auf, nachdem er einen Streit mit seinem Ausbilder hatte. Er reist nach Berlin und wird zum Rebellen, der darauf besteht, sich selbst zu verwirklichen. Das sozialistische Kollektiv, in das er bisher eingebunden war, lehnt er ab. In einer Gartenlaube findet er eine Reclam-Ausgabe der *Leiden des jungen Werther.* Nach anfänglichem Zögern beginnt er, sich mit Werther zu identifizieren, schließlich ähneln sich beide Lebensläufe mehr oder weniger: Edgar verachtet die konforme Gesellschaft, verliebt sich in eine Kindergärtnerin, die allerdings verlobt ist. Als ihr Bräutigam seinen Wehrdienst absolviert hat und zu ihr zurückkehrt, heiraten beide. Edgar bringt sich jedoch nicht um, er stürzt sich vielmehr in die Arbeit. Auf dem Bau verdient er sich sein Geld; allerdings gelingt es ihm nicht, sich in die Handwerkerbrigade einzuordnen, wieder schert er

Ulrichs Plenzdorfs Werther

aus dem Kollektiv aus. Bei dem ehrgeizigen Versuch, im Alleingang eine nebelfreie Farbspritzpistole zu konstruieren, stirbt er an einem Stromschlag.

Die junge DDR-Generation war von dem Theaterstück und dem Roman begeistert. Die politische Führung dagegen warnte, wie 200 Jahre zuvor, die Leser vor dem ›gesellschaftsschädlichen‹ Text.

9. Checkliste

Fragen zu Kapitel 1 (Erstinformation zum Werk)

1. An welche Tradition knüpft Goethe mit seinem Roman an?
2. Lesen Sie in einem Literatur-Lexikon einen Artikel über den »Briefroman« und geben Sie den Inhalt mit eigenen Worten schriftlich wieder.
3. Im *Werther* gibt es keine moralische Instanz, die das Verhalten des Protagonisten moralisch beurteilt. Übernehmen Sie diese Aufgabe und verteidigen/verurteilen Sie Werther vor einem Plenum.

Fragen zu Kapitel 2 (Inhalt)

1. Werther erwidert Leonores (5) Zuneigung nicht. Wie beurteilen Sie diese Tatsache im Zusammenhang des Romans?
2. In welchem Verhältnis steht Werther zum einfachen Volk? Beurteilen Sie diese Beziehung kritisch.
3. Wie reagiert Werther, als er von Lottes Heirat erfährt?
4. Weshalb schaltet sich nach dem 6. Dezember 1772 der fiktive Herausgeber ein?

Fragen zu Kapitel 3 (Personen)

1. Beschreiben Sie Werthers Charakter in einem Brief an einen Freund / eine Freundin.

2. Charakterisieren Sie das Verhältnis zwischen Lotte und Albert in einem Aufsatz.
3. Der Mensch wird in der philosophischen Tradition oft als »animal rationale«, als vernünftiges Tier, bestimmt. Wie würde Werther diese Definition beurteilen?
4. Weshalb fühlt sich Lotte auch zu Werther hingezogen?
5. Warum heiratet Lotte Albert?
6. In welcher Weise unterscheidet sich Albert von Werther?
7. Interpretieren Sie in einem Aufsatz Werthers Verhältnis zu seiner Mutter und zur Natur.
8. Welche Rolle spielt Lottes Mutter für Werther?

Fragen zu Kapitel 4 (Werkaufbau)

1. Wodurch unterscheidet sich Goethes Briefroman von seinen literarischen Vorgängern?
2. Erklären Sie das zeitliche Strukturprinzip des *Werther*.
3. Erarbeiten Sie die formalen und inhaltlichen Parallelen der zwei Romanteile.
4. Erklären Sie das Fluchtmotiv im *Werther*.
5. Welche Bedeutung besitzen die Jahreszeiten im Roman?
6. Nach dem 18. Juni 1772 schreibt Werther erst wieder vom 29. Juli 1772 an Briefe. Vergleichen Sie diese fast sechswöchige Schweigephase mit dem gleichen Zeitraum im Jahr zuvor.
7. Vergleichen Sie die Briefe vom 3. September 1771 und 1772.
8. Vergleichen Sie die Briefe vom 21. August 1771 und 1772.
9. Welche Funktion besitzen die Parallelgeschichten im Roman?

10. Werther und Lotte treffen sich am kürzesten Tag des Jahres, dem 21. Dezember (Wintersonnenwende) 1772, zum letzten Mal. Interpretieren Sie diese Tatsache unter Berücksichtigung des Briefes vom 21. Juni (Sommersonnenwende) 1771.

Fragen zu Kapitel 6 (Interpretation)

1. Welches sind die »Leiden« Werthers?
2. Schreiben Sie einen Essay mit dem Titel »Werther als Melancholiker«.
3. Weshalb ist (Werthers) Egozentrik problematisch?
4. In welchem Zusammenhang steht der Eigenname Werther zu der Begrifflichkeit ›werter sein als …‹? Berücksichtigen Sie dabei den folgenden Satz: »Und wie wert ich mir selbst werde, […] wie ich mich selbst anbete, seitdem sie mich liebt!« (44).
5. In welchem Zusammenhang steht die Form des Briefromans mit Werthers egomanischer Existenz?
6. Wie interpretieren Sie Goethes Bemerkung, dass Werther »schon von vornherein als vom tödlichen Wurm gestochen« erscheine? Welche Perspektive erhält unter diesem Blickwinkel Werthers Liebe zu Lotte?
7. Was versteht man unter einem »locus amoenus«?
8. Wie beschreibt Werther im Verlauf des Romans die Natur?
9. Interpretieren Sie Werthers Verhältnis zur Natur anhand des Briefes vom 10. Mai 1771.
10. Vergleichen Sie die Briefe vom 10. Mai 1771 und 12. Dezember 1772.
11. Inwiefern kann man Werthers antizivilisatorische Ten-

denz auf das Werk des französischen Philosophen Jean-Jacques Rousseau zurückführen? Ziehen Sie Rousseaus Abhandlung *Hat die Wiederherstellung der Wissenschaften und der Künste zur Verfeinerung der Sitten beigetragen* (1750) oder/und seinen Roman *Emile oder Über die Erziehung* (1762) zu Rate.

12. Weshalb kann man behaupten, dass Werther seine Leidenschaft zu Lotte zunächst literarisch zu sublimieren vermag?
13. Thomas Mann hat Werther definiert als »der junge Goethe selbst, minus der schöpferischen Gabe, die diesem die Natur verliehen«[12]. Wie beurteilen Sie diese Einschätzung?
14. Beschreiben Sie die Charaktere von Lotte und Werther mit den Begriffen »Ordnung« und »Unordnung«.
15. Lotte glaubt, dass Werther sie nur deshalb liebe, weil ihn die »Unmöglichkeit« der Erfüllung reize (vgl. 126 f.). Wie schätzen Sie diese Vermutung ein?
16. Als Werther Lotte aus den Gesängen Ossians vorliest, beginnt er die Lesung mit der Anrufung des »Stern[s] der dämmernden Nacht«, es handelt sich um den Abendstern, also um die Venus. Venus ist die Liebesgöttin. Warum beginnt Werther die Lektüre mit der Anrufung dieser Göttin?

Fragen zu Kapitel 7 (Autor und Zeit)

1. Wie geht Goethe mit seinem eigenen Liebeskummer um?
2. Im Brief vom 16. Juni 1771 beschreibt Werther, wie er Lotte zum ersten Mal erblickt hat. Als er in ihr Haus eintritt, sieht er, wie Lotte für ihre Geschwister Brot schnei-

det, von dieser Szene ist er außerordentlich gerührt. Welche Bedeutung hat die Beziehung zwischen Lotte, Werther und den Kindern im Roman?

3. Arbeiten Sie die biografischen Parallelen zwischen Werther und Goethe heraus. Beurteilen Sie diese kritisch.
4. Lesen Sie in einem Literaturlexikon einen Artikel über die Epoche des »Sturm und Drang«. Fassen Sie das Gelesene mit eigenen Worten schriftlich zusammen.
5. Weshalb hat das »Herz« für die Stürmer und Dränger eine so große Bedeutung?
6. Inwiefern distanziert sich Goethe schon mit dem *Werther* vom Sturm und Drang?
7. In welchem Verhältnis steht Goethes Spätwerk zum *Werther*?
8. Lesen Sie Goethes *Novelle* und vergleichen Sie deren Weltbild mit dem Werthers.

Fragen zu Kapitel 8 (Rezeption)

1. Warum war und ist der *Werther* so erfolgreich?
2. Auf welche Weise wurde der *Werther* von Goethes Zeitgenossen aufgenommen?
3. Wie wurde der Selbstmord Werthers von den Zeitgenossen beurteilt?
4. Die folgenden Briefe verfasste Goethe zusätzlich für die zweite Fassung seines Romans (1787). 1771: 30. Mai, 26. Juli, 1772: 8. Februar, 16. Juli, 4., 5. und 12. September, 22. und 26. November. Welche Funktionen haben diese Briefe?
5. Diskutieren Sie Unterschiede und Gemeinsamkeiten zwischen Goethes und Plenzdorfs *Werther*.

6. Lesen Sie aus Goethes *Dichtung und Wahrheit* die Passagen aus dem 13. Buch, in denen er sich über den *Werther* äußert. Wie schätzt Goethe das Verhalten seiner Zeitgenossen nach dem Erscheinen des *Werther* ein? Wie beurteilt er rückblickend seinen Roman?

10. Lektüretipps / Filmempfehlungen

Wer sich einen Überblick über die umfangreiche Forschungsliteratur zum *Werther* verschaffen möchte, dem sei die folgende Bibliografie empfohlen:

Seifert, Siegfried: Goethe Bibliographie 1950–1990. 3 Bde. Hier: Bd. 2. München 2000. S. 838–872.

Textausgaben

Die Erstausgabe des Romans *Die Leiden des jungen Werthers*[13] erschien 1774 anonym in der Weygandschen Buchhandlung in Leipzig. In dem vorliegenden Band wird nach der Reclam-Ausgabe zitiert, die den Text der zweiten, überarbeiteten Fassung (1787) übernimmt:

Goethe, Johann Wolfgang: Die Leiden des jungen Werther. Stuttgart: Reclam, 2001. (Universal-Bibliothek. 67.) *Reformierte Rechtschreibung.*

Beide Fassungen sind abgedruckt in:

Goethe, Johann Wolfgang: Die Leiden des jungen Werthers. Paralleldruck der beiden Fassungen. Hrsg. von Matthias Luserke. Stuttgart: Reclam, 1999. (Universal-Bibliothek. 9762.)

Die folgenden CD-ROMs und CDs sind empfehlenswert:

Baasner, Rainer / Georg Reichard: Epochen der deutschen Literatur – Sturm und Drang, Klassik. Stuttgart: Reclam, 1999.

Eibl, Karl [u.a.] (Hrsg.): Der junge Goethe in seiner Zeit. Texte und Kontexte. Frankfurt a. M.: Insel Verlag, 1998.

Goethe, Johann Wolfgang: Die Leiden des jungen Werther. Gelesen von Thomas Schmidt. Stuttgart: Reclam, 1999.

Zur Biografie des Autors

Boerner, Peter: Johann Wolfgang Goethe. Reinbek bei Hamburg 1999.

Conrady, Karl Otto: Goethe. Leben und Werk. München/Zürich 1994.

Friedenthal, Richard: Goethe: Sein Leben und seine Zeit. München [14]2000.

Sekundärliteratur

Alewyn, Richard: Klopstock! In: Euphorion 73 (1979) S. 357–364.

Buhr, Gerhard: Über die Daten der Briefe in Goethes Roman *Die Leiden des jungen Werthers*. In: Text 2 (1996) S. 19–45.

Gille, Klaus F.: Die Leiden und Freuden des jungen Werthers. In: Weimarer Beiträge 39 (1993) H. 1. S. 122–134.

Kayser, Wolfgang: Die Entstehung von Goethes Werther. In: Deutsche Vierteljahrsschrift für Literaturwissenschaft und Geistesgeschichte 19 (1941) S. 430–457.

Müller-Salget, Klaus: Zur Struktur von Goethes *Werther*.

In: Zeitschrift für deutsche Philologie 100 (1981) S. 527–544.

Perels, Christoph: Auf der Suche nach dem verlorenen Vater: das *Werther*-Evangelium noch einmal. In: Impulse 13 (1990) S. 44–58.

Rothmann, Kurt (Hrsg.): Erläuterungen und Dokumente: Johann Wolfgang Goethe: *Die Leiden des jungen Werther*. Stuttgart 1998. (Reclams Universal-Bibliothek. 8113.)

Schmiedt, Helmut: Woran scheitert Werther? In: Poetica 1 (1979) S. 83–104.

Vaget, Hans R.: Die Leiden des jungen Werthers. In: Paul Michael Lützeler (Hrsg.): Goethes Erzählwerk. Stuttgart 1985. (Reclams Universal-Bibliothek. 8081.) S. 37–72.

Zur *Werther*-Rezeption

Jäger, Georg: Die Wertherwirkung. Ein rezeptionsästhetischer Modellfall. In: Historizität in Sprach- und Literaturwissenschaft. Hrsg. von Walter Müller-Seidel […]. München 1974. S. 389–409.

Karthaus, Ulrich: Goethes Werther und die neuen Leiden. In: Goethe. Vorträge aus Anlaß seines 150. Todestages. Hrsg. von Thomas Clasen […]. Bern 1984. S. 101–123.

Nethersole, Reingard: Versuch über die Voraussetzungen der Popularität dargestellt an Goethes *Werther*. In: Acta Germanica 22 (1994) S. 187–202.

Filmempfehlungen

Werther (Frankreich, 1938). Regie: Max Ophüls. Drehbuch: Hans Wilhelm und Max Ophüls.

Begegnung mit Werther (BRD, 1949). Regie: Karl Heinz Stroux. Drehbuch: Hermann Gressieker und Karl Heinz Stroux.

Leiden des jungen Werthers (DDR, 1976). Regie: Egon Günther. Drehbuch: Helga Schütz.

Werthers unglückliche Liebe (Spanien, 1986). Regie: Pilar Miró. Drehbuch: Mario Camus und Pilar Miró.

Le jeune Werther (Frankreich, 1993). Regie: Jacques Doillon. Drehbuch: Jacques Doillon. – *Diese Verfilmung hält sich nicht an den Handlungsverlauf des »Werther«, stattdessen wird eine moderne Liebesgeschichte erzählt.*

Anmerkungen

1 Karl Eibl [u. a.], *Der junge Goethe in seiner Zeit*, 2 Bde., Bd. 1, Frankfurt a. M. 1998, S. 672.

2 Zitiert nach: Johann Wolfgang Goethe, *Die Leiden des jungen Werthers. Paralleldruck der Fassungen von 1774 und 1784*, hrsg. von Matthias Luserke, Stuttgart 1999 (Reclams Universal-Bibliothek, 9762), S. 301.

3 Der Text wird nach der folgenden Ausgabe zitiert: Johann Wolfgang Goethe, *Die Leiden des jungen Werther*, Stuttgart: Reclam 2001 (Universal-Bibliothek 67).

4 Max Gottschald, *Deutsche Namenkunde. Unsere Familiennamen nach ihrer Entstehung und Bedeutung*, Berlin 1971, S. 606. Den Hinweis auf die Namensableitung verdanke ich folgendem Aufsatz: Klaus Müller-Salget, »Zur Struktur von Goethes Werther«, in: *Zeitschrift für deutsche Philologie* 100 (1981) S. 531 f.

5 Johann Wolfgang Goethe, *Aus meinem Leben. Dichtung und Wahrheit*, hrsg. von Walter Hettche, 2 Bde., Bd. 1, Stuttgart 1991 (Reclams Universal-Bibliothek, 8719), S. 633.

6 Ebd., S. 631.

7 Ebd., S. 628.

8 Jean-Jacques Rousseau, *Emile oder Über die Erziehung*, hrsg. von Martin Rang, Stuttgart 1998 (Reclams Universal-Bibliothek, 901), S. 112 f.

9 Vgl. dazu: Kurt Rothmann (Hrsg.), *Erläuterungen und Dokumente, Johann Wolfgang Goethe, »Die Leiden des jungen Werther«*, Stuttgart 1998 (Reclams Universal-Bibliothek, 8113), S. 130 f.

10 Zitiert nach: ebd., S. 138.

11 Ebd., S. 151.

12 Thomas Mann, *Goethes's Werther*, in: Th. M., *Altes und Neues. Kleine Prosa aus fünf Jahrzehnten*, Frankfurt a. M. 1961, S. 194.

13 Zunächst lautete der Titel der Erstausgabe *Die Leiden des jungen Werthers*. 1824 verzichtete der Verleger auf die Genitiv-endung des Namens.

Raum für Notizen